HISTOIRE

(Conserve la Couverture)

DU

COLLÈGE DE VANNES

PAR

J. ALLANIC

IMPRIMERIE OBERTHUR, RENNES

1902

HISTOIRE DU COLLÈGE DE VANNES

HISTOIRE

DU

COLLÈGE DE VANNES

PAR

J. ALLANIC

IMPRIMERIE OBERTHUR, RENNES

1902

HISTOIRE DU COLLÈGE DE VANNES

PRÉAMBULE

L'histoire du **Collège de Vannes** a déjà fait l'objet d'intéressantes études; d'abord, M. *Alfred Lallemand*, membre des Sociétés archéologique et polymatique du Morbihan, un érudit vannetais qui, en vrai bénédictin, a fouillé toutes les archives de la ville et, dans une publication « *Les Origines historiques de la ville de Vannes* » (1858) — qu'il est presque impossible de trouver aujourd'hui, du moins en librairie — a réuni les plus importants documents relatifs au Collège pour la période qui va de sa fondation à 1815; M. le docteur *Alphonse Mauricet*, de la Société polymatique, a ajouté au travail de M. Lallemand une étude développée surtout sur l'époque où les bâtiments du Collège, dont l'État s'était emparé en 1794, étaient occupés par l'École centrale du Morbihan (1795-1803); mais cette œuvre, publiée en 1889 dans la *Revue de l'Enseignement secondaire et de l'Enseignement supérieur*, est peu connue.

Attaché depuis 44 ans au Collège de Vannes, j'ai vécu de sa vie pendant la dernière moitié du XIXᵉ siècle, et me suis pris d'une particulière affection pour ce vieil établissement; j'ai, à l'exemple de MM. Lallemand et Mauricet et guidé par leurs travaux, compulsé tous les dossiers des archives départementales, municipales et collégiales y ayant trait; j'ai même découvert des documents qui leur avaient échappé, et je viens à mon tour raconter son histoire.

Dans sa longue carrière, dont la durée se compte par siècles, le Collège de Vannes a passé par bien des phases; je dirai son origine, remontant au commencement du XIV° siècle, sa fondation sous le nom de **Collège Saint-Yves**, en 1574, par le corps politique de la ville; l'importante période où il fut dirigé par les P.P. de la Compagnie de Jésus, puis, après l'expulsion de ceux-ci, par des prêtres du diocèse auxquels on adjoignit quelques laïques; la courte époque où lui fut annexée par Louis XVI une école de la marine, ensuite celle où il fut occupé par l'Ecole centrale du Morbihan; enfin, je parlerai du Collège devenu un établissement universitaire qui, après avoir été si florissant sous l'Empire et surtout sous la Restauration, commença à décliner après 1830 et, abandonné de tous, fut supprimé en août 1857, pour renaître, il est vrai, quelques mois après, mais sous la forme d'une ombre de collège — le petit Collège... disaient ses adversaires — qui, peu à peu, grandit malgré tous les obstacles, et est redevenu, après 23 années d'efforts, en 1880, Collège de plein exercice, prouvant depuis, sinon par le grand nombre de ses élèves, du moins par leurs succès s'affirmant chaque année dans tous les examens, une vitalité qui n'est pas près de s'éteindre!

D'ailleurs, n'est-il pas protégé par le souvenir des hommes remarquables qu'il a produits, et parmi lesquels on compte le célèbre écrivain *Le Sage*, le savant mathématicien *Bouguer*, le doux poète *Brizeux*, le grand chirurgien *Alphonse Guérin* et l'illustre *Jules Simon*, dont on vient de lui donner le nom immortel?

Vannes, 15 octobre 1901.

CHAPITRE PREMIER

ORIGINE ET FONDATION DU COLLÈGE — PREMIÈRE PÉRIODE

Le **Collège de Vannes** est le plus ancien des établissements, aujourd'hui existants, d'enseignement secondaire de la Bretagne; son origine remonte au Moyen-Âge et sa fondation, aux lieux où il se trouve encore, date de **1574**.

Dès le commencement du XIVᵉ siècle, il y avait à Vannes un préceptorial attaché à la cathédrale, pour « enseigner la jeunesse de Vannes en la langue latine, » et, le 24 janvier 1328 [1], l'évêque, *Jean Le Parisy*, alloua au chanoine chargé de cet enseignement, une rente de 60 perrées de seigle à prendre sur les dismes d'une paroisse voisine. Plus tard, le chapitre de la cathédrale, pour décharger le chanoine scolastique, lui adjoignit un régent à qui l'on accordait, sur la prébende préceptoriale, un salaire de 40 écus par an. En 1569, Jean Hervé occupait ce poste de régent de l'École de la jeunesse de Vannes; en 1571, il eut pour successeur Jan de Vendosme, maître ès-arts en l'Université de Paris [2].

Cette école, on le verra plus loin, fut le noyau du Collège.

Cet état de choses dura jusqu'aux premiers jours de janvier 1574 où, sentant l'importance d'un enseignement plus développé, le **Corps politique de la ville de Vannes** résolut « l'établissement et érection en icelle, » suivant délibération des **Estats du diocèse,** « en un lieu commode et sain, pour l'instruction de la jeunesse de ce pays et condition d'icelle, en bonnes lettres, chose bien requise pour l'extension et conservation de l'intégrité de toutes bonnes ville et

---

(1) L'année de l'avènement de la dynastie des Valois; 75 ans après la fondation de la Sorbonne. Jean Le Parisy (et non Parisis, comme l'écrit M. Lallemand) fut évêque de Vannes de 1312 à 1334 (V. *Itinéraire*, Dubuisson-Aubenay, 1636, Soc. biblioph. bretons, Nantes, 1898).

(2) Titre qui donnait le droit d'enseigner les humanités et la philosophie.

république, un Collège *ad instar* de ceux de Paris [1], auquel se ferait journellement l'exercice des lettres [2]. »

Sur ses instances, et pour l'aider dans l'exécution de ce dessein, le 10 janvier, **Jan Briçon, sieur du Pé**, déclara « céder, délaisser et fonder héritellement et perpétuellement à jamais **au corps de la ville, manans et habitans d'icelle**, pour la construction du dit collège **et non autrement**, un emplacement de maison situé au haut du Marcheix, à main dextre, à Vennes... [3]. »

Les constructions entreprises, le terrain cédé ne se trouva pas assez étendu ; ce que voyant, **René d'Arradon**, chevalier de l'ordre du roi, **seigneur de Kerdréan, Quinipilly**, etc..., par acte daté du 25 juin 1577, permit « aux nobles, manans et habitans de la ville de Vennes, de prendre et faire démolir une maison avec sa cour et jardin derrière, située sur le Marcheix, et contiguë à terre donnée par le sieur du Pé et appartenant au collège **encommencé...** sur le dit Marcheix du dit Vennes... [4]. »

Le Collège créé, il fallait subvenir à son entretien. Les revenus (deux cents livres tournois) de la prébende préceptoriale, dont l'école fut rattachée au Collège et en fut le fondement, ajoutés par le chapitre de la cathédrale à la part fournie par les bourgeois de la ville, étant insuffisants, le 9 décembre 1579, **Louis de La Haye**, évêque de Vennes, sur l'exposé des nobles, bourgeois et habitants de Vannes, qu'ils avaient fait construire au faubourg de leur ville « célèbre, populeuse et très propre à ce dessein [5], » un bâtiment dans un lieu vaste et sain, pour y établir un collège sous l'invocation de **Saint-Yves...** déclare **unir et annexer**, au dit Collège, les dîmes des paroisses de Quistinic et Saint-Avé...

(1) Vers la même époque (1563), venait d'être fondé à Paris le Collège dit de **Clermont** auquel les Jésuites, quand le roi Louis XIV leur eut permis d'y réunir le Collège dit **du Mans**, donnèrent, en habiles courtisans, le nom de **Louis-le-Grand** qu'il a gardé depuis.
(2) Voir Alf. Lallemand, *Origines historiques de la ville de Vannes*. Vannes, Galles, 1858.
(3) Extraits, *passim*, d'un acte au rapport de Le Tillon et Mahé, notaires royaux, aux archives de la Mairie de Vannes.
(4) Aux archives de la Préfecture du Morbihan.
(5) « Insignis, populosa et ad id accommoda ».

par amour pour les belles-lettres et par zèle pour la religion...
et aussi parce que dans toute la Basse-Bretagne, où est située
la ville de Vannes, il n'y a pas d'autre collège, et même dans
la Haute-Bretagne où, sans de grands frais et gêne, la
jeunesse puisse se retirer [1].

Ainsi, **Jan Briçon**, le chevalier **René d'Arradon**, l'évêque
Louis de la Haye [2] — des membres des **trois ordres** : bour-
geoisie, noblesse et clergé — **furent**, avec la **Communauté
de la ville**, les **fondateurs de ce Collège** aujourd'hui trois fois
séculaire.

Jan de Vendosme, qui depuis 1571 était chargé par le
chapitre de la cathédrale du service du préceptoriat, comme
adjoint du chanoine scolastique Jan de Keralbaud, fut, sous
le titre de « Précepteur et Recteur des Ecolles de Vennes [3], »
le premier principal de cet établissement qui allait devenir
célèbre, surtout dans la Basse-Bretagne [4]. Il devait com-
prendre cinq classes de belles-lettres, avec un principal, cinq
régents, et pour l'administrer, deux économes, l'un chanoine,
l'autre laïque.

Ces fonctionnaires étaient élus, nommés et institués par
le corps politique de la ville, ainsi qu'il appert de diverses
pièces conservées dans les archives [5] et spécialement des

---

(1) Traduction d'un acte en latin. Archives de la Mairie (V. *Origines historiques de la ville de Vannes*, A. Lallemand).
(2) Ce généreux prélat mourut, en 1588, si pauvre que le chapitre fut obligé de faire les frais de ses funérailles.
(3) Il recevait 60 écus de gaiges par an (Compte du sieur Cillart, procureur et miseur (1576), archives de la Préfecture).
(4) « Bon breton de Léon, bon français de Vannes » devint proverbial.
(5) « Dans l'assemblée des trois estats de la ville et faulxbourgs de Vennes, en forme de corps politique, pour procéder à l'élection, nomination, institution de deux personnages utiles, capables et profitables, l'un qui serait chanoine, l'autre séculier, pour avoir l'administration des affaires qui concernent l'utilité, édification et entretènement du collège encommencé de nouveau, à faire sur les libéralités d'un chacun de cet évesché, et à ce que les fruits et biens provenant ou qui proviendront des paroisses de Quistinic, Saint-Avé et vicariat d'Arzon (a) qui sont perpétuellement unis et incorporés au dit collège nouveau et autres que l'on pourra à l'avenir y annexer....., furent unanimement élus, nommés et institués économes Guillaume de Bogar, conseiller et aumônier du roi, et archidiacre et chanoine de Vennes, et Jan Folliart, bourgeois de la même ville...... » *Origines historiques de la ville de Vannes*, A. Lallemand.

(a) Malgré toutes mes recherches, je n'ai pu découvrir comment avait été annexé au Collège le vicariat d'Arzon.

lettres patentes du 24 août 1580 [1], de Jacques Fabry, sieur de Bonnepart, Kergren, Le Guern, etc., conseiller du roi et sénéchal de Vannes, d'où nous extrayons le curieux passage suivant : « ... et outre la part des dits bourgeois, a été promis, sur leurs deniers communs, fournir et accommoder l'un des dits régents de logis en cette ville, attendant le parachèvement du dit Collège, luy délivrer meubles en prest et fournir de fagots et gros bois pour le temps et espace d'un an prochain, s'il se trouve quelque personnage digne, suffisant et capable qui promettroit et s'obligeroit de bien instruire et enseigner aux bonnes lettres la jeunesse de cette ville et faulxbourgs et ceux qui y pourront venir. Sur ce, ayant comparu M° Jacques Emilius, **docteur**, originaire de l'évesché de Toulouze, qui a offert et dit qu'il fera son devoir en la dite charge de régent tant qu'il demeurera en cette ville, s'il plaît à la compagnie l'y recevoir, et aux dites conditions. De rechef, les assistans ayant conféré ensemble, et après l'avoir ouy lire en droit civil et canon et interpréter certaines épîtres de Cicéron *ad Atticum*, a été receu à régenter en cette dite ville... [2]. »

Certes, il peut paraître étrange de voir un **docteur** obligé de prouver ses capacités devant une assemblée composée, pour la plus grande partie du moins, de gens peu compétents; mais l'étonnement diminue quand on sait que, dans ce bon vieux temps, les examens, surtout dans les Universités de province, n'étaient trop souvent que de pure forme et que les titres s'acquéraient autrement que par le savoir [3].

(1) Aux archives de la Mairie de Vannes.
(2) *Origines historiques de la ville de Vannes*, A. Lallemand.
(3) Voici un curieux récit tiré des mémoires de Charles Perrault, le célèbre auteur des contes de fées, rapporté par Lorédan Larchey dans *Les Étudiants d'autrefois*. — « Au mois de juillet 1651, j'allai prendre des licences à Orléans avec V. et M. Dès le soir même que nous arrivâmes, il nous prit fantaisie de nous faire recevoir. Ayant heurté à la porte des écoles sur les dix heures du soir, un valet qui vint nous parler à la fenêtre, ayant su ce que nous souhaitions, *demanda si notre argent était prêt*. Ayant répondu que nous l'avions sur nous, il nous fit entrer et alla réveiller les docteurs, qui vinrent au nombre de trois nous interroger, avec leurs bonnets de nuit sous leurs bonnets carrés... à la faible lueur d'une chandelle... Un de nous ne répondit rien qui vaille. Les deux autres furent ensuite interrogés et

Les guerres de la Ligue forcèrent les habitants de la ville de Vannes de rentrer dans l'enceinte des murs en dehors desquels était situé le Collège, de sorte que les travaux et les études furent suspendus jusqu'à la pacification religieuse obtenue par la soumission à *Henri IV* du chef de la Ligue en Bretagne, le gouverneur *duc de Mercœur* (1), et la signa-

ne firent pas beaucoup mieux que le premier. Cependant ces trois docteurs nous dirent qu'il y avait deux ans qu'ils n'en avaient interrogé de si habiles et qui en sussent tant. Je crois que *le son de notre argent*, que l'on comptait derrière nous pendant que l'on nous interrogeait, fit la bonté de nos réponses. Nous reprîmes le chemin de Paris. Le 27 du même mois, nous fûmes reçus avocats. »

Et pour que l'on ne croie pas que c'est là un *conte*, citons encore ces vers d'un détracteur de Molière :

« En quarante, ou fort peu de temps auparavant,
« Il sortit du collège, âne comme devant,
« Mais son père ayant su que **moyennant finance**
« Dans Orléans un âne obtenait sa licence,
« Il y mena le sien, c'est-à-dire ce fleux
« Que vous voyez ici, ce rogue audacieux ;
« Il l'endoctora donc, **moyennant sa pécune,**
« .... »

Une verte semonce adressée, en 1754, par le chancelier de Lamoignon aux professeurs de l'Université de Bourges, prouve que cent années n'avaient en rien amélioré la collation des grades. Il leur reproche d'accorder « des lettres de maîtres ès arts à des aspirants qui n'ont subi aucun examen... » et les menace de suppression de leur Université, comme le roi l'avait ordonné pour pareils abus, en 1731, pour l'Université de Cahors.

Il en était encore à peu près de même, à la fin du XVIIIe siècle. Dans les *Souvenirs d'un Nonagénaire*, l'ex-abbé Besnard raconte comment se passaient, du temps qu'il était étudiant, les examens de droit à l'Université d'Angers, dont les professeurs qui portaient le titre de comtes « fournissaient au candidat, à raison de 12 fr. l'une, la réponse aux arguments qui devaient lui être posés... même une thèse manuscrite qu'il portait à l'imprimeur, avec les réponses aux arguments, le tout à des prix très modérés et dont le chiffre était déterminé par l'usage. »

Si les candidats trouvaient les Universités françaises encore trop sévères, ils pouvaient recourir à celle d'Avignon, sur les terres du Pape (Rambaud). *La Civilisation française*, t. II, pp. 272-273, *passim).*

(1) Philippe de Lorraine, cousin des Guise, beau-frère du roi Henri III qui l'avait nommé gouverneur de Bretagne, avait profité des troubles de la Ligue pour essayer de rétablir en sa faveur l'indépendance du duché en faisant revivre les droits de sa femme, Marie de Luxembourg, de la maison de Penthièvre (Charles de Blois). Appuyé d'un corps d'Espagnols qu'à sa demande lui avait envoyé le roi d'Espagne Philippe II, il fut le dernier des ligueurs à se soumettre. — Rappelons qu'avant de quitter Vannes, ces Espagnols mirent le feu à la **tour Trompette**, voisine de la cathédrale, espérant, à la faveur du désarroi causé par cet incendie, enlever par surprise les reliques de leur compatriote, *saint Vincent Ferrier*, refusées par le chapitre aux sollicitations de Mercœur et de Philippe (V. *Origines historiques de la ville de Vannes*, A. Lallemand).

ture du célèbre *Edit de Nantes* (1598). Ce n'est même qu'en 1616 que l'on acheva la construction d'une petite chapelle qui coûta 932 livres tournois [1].

Le nouvel évêque de Vannes, *Jacques Martin* [2], nommé par Henri IV en 1599, en remplacement du ligueur *Georges d'Arradon* — ancien élève du Collège, dont le frère René d'Arradon avait été l'un des fondateurs, — s'empressa de ratifier l'union faite par l'évêque Louis de la Haye, des paroisses de Quistinic et de Saint-Avé au Collège de Vannes, et, par lettres patentes datées de Paris (mai 1615), *Louis XIII* confirma « l'union du prieuré de Saint-Saulveur (vulgairement dénommé en langue du pays *Locminé*) au Collège établi par les habitans en la ville de Vannes [3]. »

Le successeur de *Jan de Vendosme* dans le principalat avait été *Gilles Havard*, en 1582; on trouve ensuite *Félix Miggueur*, qui mourut en 1616, et fut remplacé par *Julien Le Mée;* en 1622, le principal était *Jean Le Grand;* le dernier fut *Jean Durand*, recteur de Réguigny, à qui la communauté de la ville accorda, par délibération du 14 octobre 1630, une indemnité pour « abandon et delais » du Collège Saint-Yves, faits par lui aux P.P. Jésuites [4].

(1) Compte de Julien Le Mée, sieur de Bolloré, économe du collège. — Archives de la Mairie. — Rien d'étonnant que Dubuisson-Aubenay dise : Elle est tolérable en Bretagne, c'est-à-dire passable pour ce pays-là » (*Itinéraire de Bretagne*, 1636).
(2) Fils du trésorier général des finances de la généralité de Bordeaux, préconisé le 8 décembre 1599, bien qu'il n'eût encore que 20 ans, par le pape Clément VIII.
(3) Parchemin découvert par l'auteur, en 1887, lors de la démolition du vieux collège et dont aucun de ceux qui ont écrit sur le Collège n'avait parlé (V. aux archives du Collège).
(4) Archives de la Mairie.

CHAPITRE II

LE COLLÈGE SOUS LA DIRECTION DES JÉSUITES

« Le lundi septième jour de mai mil six cent vingt-neuf » (7 mai 1629), l'assemblée de la **Communauté de Vennes**, présidée par Mgr *le duc de Brissac* [1], pair de France, lieutenant-général pour S. M. au gouvernement de Bretaigne, et où étaient, entre autres, le baron de *Vieux-Chastel*, gouverneur de la ville, M. le Président et M. le Sénéchal, etc., etc., **accepta que la direction de son Collège fût confiée aux Pères Jésuites** — l'évêque *de Rosmadec* y ayant donné son consentement « moyennant que les habitants de la ville l'aient pour agréable [2] » — et, par lettres patentes datées de Lyon (août 1630), Louis XIII autorisa l'établissement des Jésuites au Collège Saint-Yves [3].

Vannes s'imposa de lourds sacrifices en leur faveur. D'abord, au revenu, déjà important de la maison, furent ajoutées « 500 livres qui seront prises sur les deniers d'octroi de la communauté... jusqu'à ce que les P.P. Jésuites aient plus grands revenus... [4] » En outre, une somme de

---

(1) Fils du ligueur qui rendit, ou plutôt — suivant le dire du roi lui-même — **vendit** Paris à Henri IV, en 1594. « 200 mille écus, une pension de 20 mille livres et la dignité de maréchal de France » (V. Anquetil. *Histoire de France*).

(2) « Sur quoi la dite Communauté a déclaré consentir l'établissement des dits Pères Jésuites au Collège du faubourg de cette ville, avec le gouvernement entier d'iceluy et de tout le revenu y annexé, pour en jouir cy-après, ainsi que la ville et escomptes d'iceluy ont droit et accoustumé de faire et sans préjudice aux droits que le dit baron de Vieux-Chastel (le gouverneur de Vennes) prétend avoir aux prééminences du dit Collège. » *Origines historiques de la ville de Vannes*, A. Lallemand.

(3) Elles furent enregistrées au Parlement de Bretagne, le 11 septembre 1630.

(4) Et cependant, à partir de 1685, la ville leur paya, chaque an, 2.300 livres pour pension du recteur et des régents, bien que les revenus du Collège se fussent considérablement accrus par nombre de donations dont nous parlerons plus loin — entre autres, prieuré d'Ambon, domaine de Lestrénic — aussi le recteur du Collège put-il acheter, au nom de la Société, la terre noble de la Ville-Dené, en Ploërmel (Archives du Collège).

18.000 livres [1] — à laquelle on ajouta 4.000 livres, en 1637 — leur fut donnée par la ville pour la construction de nouveaux bâtiments nécessaires à leur installation. De plus, il leur fut accordé, pour leur ameublement, la première année, la somme de 2.000 livres.

Le premier Recteur chargé, en 1632, de la direction du Collège fut le P. **François d'Autruy**, à qui succéda, en 1636, le P. *Barthélemy Vimont*, sous la conduite duquel avaient commencé et se continuèrent les constructions. Elles ne furent achevées qu'à la fin de 1643 [2], ainsi que le constate le compte rendu détaillé fait par les P.P., en justification de l'emploi des sommes fournies par la ville, devant messire Regnault Le Gouvello, conseiller du roi, maître ordinaire en sa chambre des comptes de Bretagne, le 13 janvier 1644 [3].

C'est aussi au moyen des dons de personnes pieuses, surtout de *Mlle Catherine de Francheville* [4] — qui montèrent à plus de 30.000 livres — et des secours de la communauté de la ville [5], qu'ils firent construire la vaste chapelle qui est encore debout et dont la façade est un des ornements

---

(1) Il faut plus que tripler ces sommes pour apprécier leur valeur actuelle. — En 1674, la ville leur compta encore une somme de 1,800 livres pour construire une classe de philosophie et physique.

(2) Ces édifices ont été démolis en septembre 1887. Sur la façade, au-dessus de la grande porte, on voyait l'**Hermine passante** (Armes de Vannes) que la communauté de la ville avait exigé que l'on plaçât **aux lieux les plus éminents et principales entrées du Collège**, afin sans doute de marquer qu'il était sien. L'une des fenêtres supérieures portait les armes de **René d'Arradon**, l'un des fondateurs, en 1577, qui avait spécifié, dans son acte de donation, l'obligation d'apposer son écusson dans différentes parties de l'édifice, entre autres, **à la principale entrée**.

(3) Aux archives de la Mairie.

(4) Née, le 21 septembre 1620, au château de Truscat, en Sarzeau, fille de Daniel de Francheville sieur dudit lieu et de la Cour, fondatrice des maisons de retraites, morte à Vannes, le 23 mars 1689; les Jésuites obtinrent son cœur qui fut déposé dans la chapelle du Collège. Un de ses neveux, Daniel de Francheville, né à Vannes en 1648, fils de Claude de Francheville (escuyer, conseiller du roi, sénéchal et premier magistrat du siège présidial de Vannes) qui fut parrain du père de Le Sage, dut sans doute faire ses études chez les R. P. que pendant 30 années sa tante avaient honorés de sa confiance; il mourut évêque de Périgueux (Voir plus loin, page 23).

(5) D'après l'historien bénédictin D. Lobineau, le P. Daran qui fut chargé de diriger les travaux, n'avait que 10 écus pour commencer. Il mourut, en 1670, bien avant l'achèvement complet du monument où il fut inhumé.

FAÇADE DE L'ANCIEN COLLÈGE (1636-1887).

de la place actuelle de l'Hôtel de Ville [1]. Commencée en 1661 [2], elle ne fut parachevée qu'en 1685 [3].

A la même époque, ils entreprenaient la fondation d'un pensionnat ou **séminaire** des jeunes clercs, pour lequel M. de Kerlivio [4], grand vicaire de l'évêque de Rosmadec, leur donna un emplacement joignant le Collège et une forte somme d'argent. Cet établissement fut autorisé par lettres patentes de Louis XIV (octobre 1660); mais la résistance du clergé du diocèse réuni en synode [5], qui ne voulait pas que les futurs prêtres séculiers fussent élevés par les Jésuites, força l'évêque à renoncer à ce projet, et, en 1664, le séminaire [6] des clercs fut transformé en **maison de retraites** pour les hommes, dirigée par les P.P. du Collège [7].

Louis XIII qui, ainsi que nous l'avons déjà dit, avait auto-

---

(1) Anciennement, place du Marcheix qui prit successivement le nom de Grande-Place, place du Collège, et porta sous l'Empire celui de Napoléon-le-Grand.

(2) La première pierre fut posée le 27 septembre 1661, par noble homme Guillaume Bigarré, sieur de Cano, syndic de la ville de Vannes, en présence du P. Thierry, recteur du Collège, des P.P., des notabilités de la ville et d'un grand concours de peuple.

(3) Les Jésuites auraient voulu placer les armes de la famille de Francheville sur la façade; Mme Catherine s'y opposa et demanda que l'on y inscrivît ces paroles du psaume 6 : « **Fundavit eam altissimus**, » qu'on y lit encore.

(4) Louis Eudo, sieur de Kerlivio, gentilhomme d'Hennebont, mourut en 1685 et fut inhumé dans la chapelle du Collège.

(5) Le chapitre de la cathédrale s'opposa même à l'enregistrement au Parlement de Bretagne des lettres patentes du roi.

(6) Le projet de fondation d'un **séminaire** ne fut pas abandonné ; une maison avec cour, jardin et pré situé proche l'église — alors paroissiale — de N.-D.-du-Menez, furent achetés en 1665; de nouvelles lettres patentes de Louis XIV (septembre 1669) furent obtenues, M. de Kerlivio put achever son œuvre et, en janvier 1680, l'évêque Casset de Vautorte en confia la direction à des prêtres du diocèse. Ils furent remplacés, en 1702, par des Lazaristes qui en conservèrent la direction jusqu'en 1791.

(7) Après l'expulsion des Jésuites (1762), la direction de la maison de retraites fut remise, comme celle du Collège, à des prêtres du diocèse qui continuèrent l'œuvre jusqu'en 1791. Demeurée possession du Collège — par suite du décret de la Convention (20 ventôse an I) exceptant (art. 5) de la vente des biens nationaux les bâtiments servant ou pouvant servir à l'usage des Collèges — elle servit à loger, en 1795, les professeurs de l'Ecole centrale; à partir de 1803, elle fut louée à divers particuliers pour le compte du Collège, par le bureau d'administration; puis la municipalité s'en empara en 1854 et la fit démolir en 1877, pour construire en place une école primaire.

risé, en 1630, l'établissement des Jésuites au Collège, avait voulu participer à son développement; il fit don, par lettres patentes données à Saint-Germain (8 octobre 1634) « aux Pères Jésuites du Collège de Vennes, du parc appelé **Lestrenic** [1], fermé de murailles... où il y avait autrefois du bois et quelques maisons... sur le chemin qui conduit de la ville de Vennes en celle de Nantes, et lui appartenant à cause de son duché de Bretaigne, sans aucunes choses retenir et réserver... » A ce domaine de plus de 30 hectares, *Louis XIV*, en 1658, adjoignit sept pièces de terre en dehors de l'enclos.

Nombre d'autres donations vinrent s'ajouter à celles des rois, particulièrement l'annexion du prieuré d'Ambon, par bulle du pape Innocent XII, du 14 décembre 1691; aussi le Collège de Vannes devint des plus florissants; dès 1636, il comptait avec cinq classes — la cinquième créée en 1632 [2] — 400 [3] élèves, tous externes [4]. Ce chiffre ne put évidemment qu'augmenter, — si l'on en croit le dire de Dubuisson-Aubenay qui passa à Vannes en 1636, il était à cette époque de 700 à 800 [5] — attendu que des chaires de philo-

---

(1) Au XV° siècle, s'y trouvait un château ducal d'où furent datées (9 juin 1462) les lettres patentes du duc de Bretaigne, François II (le père de la duchesse Anne), autorisant la duchesse douairière Françoise d'Amboise (la bienheureuse), à établir le couvent des Carmélites du Bondon, près Vannes. En 1532, lors de l'assemblée des Etats de Bretagne pour la réunion du duché à la France, le roi François Ier qui vint à Vannes (Voir sa lettre datée de Nantes, aux archives de la Mairie) avait donné en viager ce domaine à la comtesse de Châteaubriant, sa favorite. Le manoir de Lestrenic avait été démoli, ainsi que le château de l'Hermine, à Vannes, en 1614.

(2) Bien que l'évêque Louis de La Haye eût, en 1579, institué 5 classes, il n'en avait été organisé que 4, de la rhétorique à la quatrième. Le 19 juillet 1632, la communauté de la ville arrêta que 200 livres seraient accordées pour la pension annuelle d'un P. chargé de la cinquième.

(3) V. *Origines historiques de la ville de Vannes*, A. Lallemand.

(4) Ceux qui étaient étrangers à la ville « étaient reçus, souvent par groupes de dix ou douze, chez des hôtes *choisis?* (Voir plus loin le procès de l'élève Gabriel Le Roy) qui leur fournissaient le couvert et une partie du vivre sous la forme d'un maigre potage. Presque toujours le reste des provisions — du moins pour ceux des cantons voisins — venait directement de la maison paternelle » (Max. Nicol. *Choses d'autrefois. Les Ecoliers. Revue Morbihannaise*, 1894).

(5) *Itinéraire de Bretagne en 1636*. Publié à Nantes 1898. Soc. biblioph. bretons, 9° vol., pp. 151-152). — Ce même voyageur dit aussi que le Collège des Jésuites de Rennes, où ils étaient installés depuis 1604, comptait alors 2.500 escholiers; mais, comme pour Vannes, ce n'est là qu'un on-dit qui paraît fort exagéré.

sophie, de physique et de théologie furent fondées, grâce à de nouvelles dotations, soit de personnes pieuses, soit de l'évêque de Rosmadec, soit de la communauté de la ville [1] qui même, à partir de 1685, comptait aux Jésuites, pour gaiges [2] ou pension du P. Recteur et des régents, une somme de 2.300 livres par an. Mais il est bien permis de douter, malgré les dires de l'un des historiens de la Compagnie, le P. de Jouvency [3] — qui n'en donne aucune preuve — qu'il atteignît jamais 1.200. Dans quels locaux [4] aurait-on pu tenir des classes qui auraient été de 200 élèves en moyenne, et de plus dans les cours inférieurs? Il est probable que le P. de Jouvency, qui écrivait à Rome sans documents probants, aura fait entrer en ligne de compte les élèves du séminaire des clercs, attaché quelque temps à l'établissement, ou les hommes de la maison de retraites attenante au

[1] Les sieurs de Kerjoseph et de Kerampoul ayant fait les fonds nécessaires pour établir une chaire de philosophie et une de morale, la communauté de la ville, sur la proposition du syndic, votait, le 26 juin 1637, une somme de 4.000 livres pour la construction des classes.
En 1646, l'évêque Sébastien de Rosmadec léguait par testament une rente de 240 livres pour la pension d'un régent de théologie morale.
En 1664, la communauté de la ville, avec l'autorisation du duc de Chaulnes, gouverneur du duché de Bretagne, faisait une pension de 300 livres pour un second cours de philosophie et régent de physique et donnait aux P.P. Jésuites une somme de 1.800 livres pour la construction de la classe.
En 1685, la communauté donne aux P.P. une somme de 1.000 livres par an pour pension de deux professeurs de théologie, cette fois, à la charge auxdits P.P. de fournir la classe. V. *Origines historiques de la ville de Vannes*, passim.
[2] C'est sous ces titres qu'est portée cette somme aux comptes des **miseurs** de la ville (archives de la Mairie).
[3] *Historia Societatis Jesu, pars quinta*, écrite à Rome et condamnée par arrêt du Parlement de Paris, en 1713. Le P. de Jouvency fut l'auteur de l'*Appendix de Diis et Herolbus*, livre demeuré classique.
[4] Ceux qui, comme l'auteur, ont connu l'établissement dans l'état, à peu près du moins, où il était du temps des Jésuites, ont pu se convaincre que — le logement des P.P., de leurs novices et de leurs serviteurs mis à part — il eût été impossible d'y faire tenir 1.200 jeunes gens de 15 à 20 et 24 ans. La nef de la chapelle, toute vaste qu'elle est, pourrait-elle contenir 1.200 personnes assises et agenouillées? — Et l'on sait, par quelques pièces des archives, que tous les élèves assistaient à la messe à l'issue de la classe du matin.

Collège [1] et aussi les membres du noviciat que la Compagnie avait établi à Vannes [2]. Ce que nous pouvons certifier, c'est que vers l'époque où écrivait le P. de Jouvency, en 1700, une des deux classes de philosophie comprenait 60 élèves [3] — 16 de la ville de Vannes, 35 du diocèse, 5 du diocèse de Saint-Brieuc [4], 2 de celui de Quimper, 1 de chacun des diocèses de Nantes et de Rennes; — certes, c'est là un beau chiffre, mais qui, proportion gardée — les études ne commençant qu'à la cinquième et, à cette époque, la plupart des écoliers poursuivant les études jusqu'au bout — suppose, au

---

(1) En compulsant les registres des paroisses de Vannes (Archives de la Mairie) nous avons relevé les décès :

En 1670, de M. Guillaume Luco, conseiller honoraire au Présidial de Vannes, « venu en cette ville à la maison de retraites des Jésuites; »

En 1672, du frère Jean Joubin, religieux profès de l'ordre des chanoines réguliers de Saint-Augustin de l'Abbaye de Saint-Jean-des-Prés de Saint-Malo, prieur du prieuré-cure de Coëtbugat (diocèse de Vannes) décédé à la sortie de la retraite qu'il avait faite « en la maison des exercices spirituels des P. Jésuites. »

En 1679, du sieur Savonnière, capitaine au régiment de Saintonge, « décédé en la maison des P. Jésuites. »

(2) Voir aux archives du Collège, le registre *Livre des Vœux*, que d'après une ordonnance royale de Louis XIV (16 juillet 1714) transcrite en tête du registre, la Compagnie de Jésus devait tenir, tant pour l'entrée au noviciat que pour les premiers et les derniers vœux. Ce registre, que, par un oubli inconcevable, les R.R. P.P. laissèrent après eux lors de leur expulsion en 1762, a été découvert par l'auteur avec d'autres pièces — tel l'acte de l'union au Collège du prieuré de Saint-Sauveur, *vulgo* Locminé — en septembre 1887, lors de la démolition des anciens édifices, dans une profonde cachette d'un mur intérieur où ils avaient échappé à tous les regards pendant 125 années.

(3) Voir à la bibliothèque de Vannes le manuscrit latin relié du cours de philosophie du P. de la Boissière, rédigé par l'élève Joannès Nicolaüs Dufoussé-Dauzon. Le relieur a intercalé à la suite du cours une pancarte annonçant une soutenance de thèse au Collège, le 1700. Cette pancarte se termine ainsi : « **Has theses, favente Deo et auspice Dei-para, propugnabunt** *Logici venetenses* » et à la suite, au dos, la liste, par ordre alphabétique, des noms des 60 élèves, qui ne sont pas des élèves choisis sur un plus grand nombre, car alors on aurait dit : **Selecti logici alumni**, et les élèves auraient été inscrits par ordre de mérite, comme cela se trouve dans d'autres pancartes (aux archives de la Préfecture).

(4) Saint-Brieuc avait un Collège, fondé depuis le 13 mai 1575 — 1 an et 4 mois après le Collège de Vannes — mais il n'était pas dirigé par les Jésuites et ne comportait que « les 4 aultes classes d'humanités, sans philosophie » (V. *Itinéraire de Bretagne*, Dubuisson-Aubenay).

plus, une population de 600 à 700 élèves [1]. D'autre part, nous relevons, dans un ouvrage du R. P. Orhand [2], publié en 1888, l'aveu suivant : « A la veille d'être expulsés, les Jésuites comptaient (à Vannes) plus de 500 élèves, dont quelques-uns étudiaient la théologie, puisque trois professeurs enseignaient le dogme et la morale. »

Ainsi donc, il faut renvoyer... aux légendes, les 1.200 élèves du Collège de Vannes.

Pendant plus de 130 ans, les P.P. Jésuites enseignèrent au Collège de Vannes. Leur enseignement était surtout littéraire, les études spécialement portées vers la connaissance de l'antiquité; le latin était la langue des maîtres et des élèves; en histoire, on ne s'occupait que des Anciens; pour les sciences, on n'en faisait que dans les classes supérieures [3], et les cours de géométrie, physique et cosmographie étaient rédigés en latin [4]. On cultivait aussi dans leur maison la déclamation, le théâtre, la musique et même la danse.

---

[1] Si l'on admet le chiffre de 700 à 800 élèves au Collège de Vannes, en 1636, d'après l'*Itinéraire* de Dubuisson, on peut le regarder comme un maximum, car les élèves de Basse-Bretagne — diocèse de Quimper et de Léon — qui se rendaient jusqu'alors à Vannes n'y accoururent sans doute plus, attendu que les Jésuites fondaient à cette époque leur Collège de Quimper, ainsi que le dit Dubuisson : « Ce convent (des Cordeliers) est le seul qui soit dans la ville au plus bas d'icelle, excepté les Jésuites qui se bâtissent tout à l'opposite et au plus ault. Ceux-ci on déjà deux corps de logis...... Ils ont toutes les classes, excepté la théologie et les deux autres aultes disciplines. » — Ainsi s'explique que dans la liste des 60 élèves de la classe de philosophie précitée, il n'y en ait plus que 2 du diocèse de Quimper, en 1709.

[2] Le R. P. Pillon et les Collèges de Brugelette, Vannes, etc., par le P. Orhand S. J., Lille, 1888, p. 109.

[3] On pourrait objecter le passage des *Origines historiques de la ville de Vannes* où M. Lallemand, parlant de l'élève **Bouguer**, le fait, à l'âge de 13 ans, suppléer le régent de mathématiques, en cinquième. Mais ce dire ne repose sur aucune preuve; ce que M. Lallemand qualifie de mathématiques en cinquième n'était sans doute que des exercices de calcul. Ce n'était certes pas à l'enseignement des P.P. que le jeune Bouguer devait les connaissances qu'il pouvait posséder, attendu qu'il venait d'entrer au Collège où les classes commençaient à la cinquième, mais aux leçons de son père, remarquable professeur d'hydrographie.

[4] Voir, à la bibliothèque de la ville de Vannes, le cahier manuscrit d'un élève de 1695, contenant un cours de philosophie suivi de cours de géométrie, de physique et de cosmographie, le tout rédigé en latin. L'étude du latin dominait tout; le reste (histoire, sciences, etc.) n'était que des accessoires comme on disait encore il y a 30 ans, à l'école Saint-François-Xavier de Vannes où l'on enseignait la grammaire française en latin. Les palmarès du Séminaire de Sainte-Anne dirigé par les Jésuites (1816-1828) étaient rédigés en latin (V. archives de la Préfecture).

A la bibliothèque de la ville de Vannes — dont le principal fonds vient du Collège — se trouve le libretto d'une œuvre intitulée :

« **Ménalque**
» Pastorale en musique
Dédiée à Monseigneur François d'Argouges,
» Abbé de la Valasse,
» Evêque de Vannes ;
» Par Joannès Jacobus Bochard de Saron [1], societatis Jesu,
» Sera représentée sur le théâtre
» Du Collège de la Compagnie de Jésus,
» Le   jour de   1688 [2]. »

(La musique est de la composition de M. Daniélis, maître de musique de la Cathédrale).

Impossible de juger de la science musicale et chorégraphique du maître de chapelle de la cathédrale de Vannes, la partition étant absente, mais on peut apprécier le talent du librettiste et goûter la moralité de son œuvre.

N'est-il pas tout naturel de se figurer que, venant d'un R. P. Jésuite, et destinée à être interprétée par les jeunes gens d'un établissement religieux, cette **pastorale** devait être une de ces naïves pièces débordant de foi chrétienne, telles qu'on en chantait ou débitait pendant l'Avent, autour de la bûche de Noël, chez nos grand'mères : « l'Adoration des Bergers ou celle des Mages, la Fuite en Egypte ou le Massacre des Innocents ? » A la lecture, on est bien déçu.

Boileau venait de publier (1673) son *Art poétique* :

« De la foi d'un chrétien, les mystères terribles
» D'ornements égayés ne sont pas susceptibles [3]. »

disait celui qu'on a surnommé le Législateur du Parnasse.

Le P. de Saron était sans doute de ses disciples; sa pastorale n'a rien de chrétien. Bien au contraire, **Ménalque**, sous prétexte de pleurer la mort de l'évêque *de Vautorte*, et de

---

(1) Ce P. fut le professeur de rhétorique de Le Sage.
(2) Imprimé à Vannes chez la veuve de Pierre Doriou, imprimeur du clergé et du collège, à Main-Lièvre (aujourd'hui place Henri-IV).
(3) *Art poétique*, Chant III.

célébrer l'avènement de *Mgr d'Argouges*, nage en plein paganisme. On y fête, il est vrai, une mère, mais c'est la mère... des dieux, l'antique Cybèle; on y implore un « Dieu puissant » mais ce dieu est Pan; le prêtre Calchas, après avoir consulté les dieux sur les destins des bergers, leur fait connaître « les oracles sacrés que profère Thémis (1). » Le tout est encadré de charmants bocages, de frais ombrages aux doux ramages où tout engage « à jouir, sans laisser passer un moment, des plaisirs innocents que l'on perd aisément... »

Au milieu de tout cela, papillonnent, chantant et dansant, de jeunes élèves (2) costumés en « bergers gais ou tristes, » travestis en « songes agréables ou funestes » et offrant un sacrifice au soleil,

« Le plus puissant des Dieux
» Qu'on honore en ces lieux (3). »

Tirer comme conséquence de cet exemple que les pièces jouées sur le théâtre du Collège fussent toutes du même genre, serait certes ridicule et exagéré. Cependant, après la

(1) « Si notre littérature du XVIIe siècle avait péri dans un cataclysme et si, dans une vingtaine de siècles, quelque érudit australien ou américain en retrouvait les fragments, il pourrait croire que les contemporains de Louis XIV adoraient les mêmes dieux que les Athéniens et les Romains. » (Rambaud, *Histoire de la Civilisation française*, t. II, *Les lettres au XVIIe siècle*).

(2) Le libretto a conservé leurs noms : **Lovis-Joseph de Langle**, de Vennes ; **Germain-Joseph de Talhouët**, de Vennes ; **Claude de Langle**, de Vennes ; **Henri de Lohac Le Vaché**, de Vennes ; **Lovis-Marie Bizien du Lézart**, de Lézart ; **Joachim-Alain de Lambilly de Gargrois**, de Ploërmel ; **Jean-Hiérome Picquet**, de Vennes, y chanta.

(3) L'œuvre du P. de Saron date de l'apogée du règne de Louis XIV. « Les artistes poursuivant la divinisation de la royauté avaient, dans la décoration de ses palais, multiplié partout l'image du soleil, car le soleil c'était le roi lui-même, le roi-soleil, éclairant tout, animant tout, capable d'illuminer d'autres mondes : *Nec pluribus impar* (*Histoire de la Civilisation française*, t. II, p. 6, Rambaud). — Et les poètes luttèrent à l'envi avec les artistes, pour chanter ce divin soleil. L'un d'eux, dans une ode couronnée par l'Académie, ne s'écriait-il pas :

« Sagesse, esprit, grandeur, courage, majesté,
» Tout nous montre en Louis une divinité! »

Ainsi s'expliquent ces paroles de Louis XIV à ses serviteurs gémissant à son lit de mort :

« Pourquoi pleurez-vous ; m'avez-vous cru immortel ? »

lecture de cette pastorale, il est bien permis — tout en rejetant ce qu'il y avait d'excessif dans leur sévérité et de désespérant dans leur doctrine — de ne pas s'étonner que les rigides Jansénistes, les austères pédagogues de Port-Royal, les Arnaud et les Nicole, les Le Maistre et les Pascal, aient critiqué une éducation qui leur semblait si éloignée de l'Évangile ! un enseignement où, sous une étiquette sacrée, ne leur apparaissait qu'une culture profane [1] !

On peut bien admettre que dans la période où les Jésuites enseignèrent au Collège de la ville de Vannes, de 8.000 à 9.000 élèves passèrent sous leur direction. Parmi ces jeunes gens, deux surtout devinrent célèbres : **Le Sage** [2], l'auteur de *Gil Blas* et de *Turcaret*, qui, après Molière, a le mieux dépeint les vices, les ridicules et les faiblesses de la société, et le mathématicien hydrographe **Bouguer** [3], membre de l'Académie des Sciences, inventeur de l'héliomètre, collaborateur de La Condamine dans la mesure d'un arc du méridien au Pérou, en 1736 ; quelques-uns, des hommes de renom : **Le Gouvello de Keriolet**, conseiller au Parlement de Bretagne, qui fut célèbre par les désordres de sa jeunesse et plus encore par la sainteté de sa vie pénitente ; le P. **du Baudory** qui succéda, dans la chaire de rhétorique de Louis-le-Grand, au P. Porée, dont Voltaire fut l'élève ; le supérieur des Eudistes, **Beurrier** ; le poète **Desforges-Maillard** [4], connu surtout par ses démêlés avec Voltaire qui, après l'avoir comblé de galants compliments pendant qu'il écrivait sous le pseudonyme de Mlle Malcrais de la Vigne, l'accabla de railleries quand le véritable nom de l'auteur fut révélé [5] ;

---

(1) A l'exemple des Jésuites, d'autres maisons religieuses donnaient aussi à leurs élèves de ces fêtes profanes. Au Séminaire de Saint-Sulpice, à Paris, « on jouait des féeries, des pastorales avec costumes et ballet : **L'installation du grand Sultan, la Troupe des Bergers enchaînés.** » (V. *Origines de la France contemporaine. Le Régime moderne. L'Église*), par Taine, d'après la vie de M. Emery par l'abbé Elie Méric.
(2) Né à Sarzeau près Vannes (8 mai 1668), mort à Boulogne-sur-Mer (17 novembre 1747).
(3) Né au Croisic (Loire-Inférieure) en 1698, mort en 1758.
(4) Né au Croisic en 1699, mort en 1772.
(5) Piron, fit de cette mésaventure le sujet de son œuvre principale « La Métromanie » (1733).

Lesage.

le marquis de **Beauvau** [1], qui fut tué par les Vendéens de Cathelineau (14 mars 1793), en défendant la ville de Cholet qu'ils attaquaient et dont il avait été élu procureur syndic. Nous croyons pouvoir ajouter à cette énumération le nom de **Daniel de Francheville** (déjà cité), le généreux et charitable évêque de Périgueux (1694-1702), surnommé « Le Père des pauvres [2]. »

Au Collège de Vannes, on travaillait ferme, a-t-on dit, et la discipline y était sévère. Au Collège, on peut bien le croire; mais le véridique historien est forcé de dire que, une fois hors du Collège, les élèves, jeunes gens dans toute leur force, — les uns de 20 ans et plus — tous externes, n'échappaient pas aux périls de la liberté. Comme les escholiers de l'Université de Paris, ils avaient leur rue du Fouarre et leur Pré-aux-Clercs dans la rue Saint-Yves et la place du Marcheix, leur Quartier latin dans la rue des Halles, qui était alors dite rue Latine, car là se trouvaient un grand nombre de pensions

---

(1) Neveu et fils adoptif du maréchal, marquis de Beauvau, qui fut de l'Académie française et ministre de Louis XVI (1789) ; il termina ses études à Louis-le-Grand. Les désordres de sa jeunesse le firent, comme Mirabeau, enfermer aux prisons d'Etat (Mont-Saint-Michel, Vincennes, Bastille) et, comme Mirabeau, il accueillit avec ardeur la Révolution; il prit une part active au mouvement de 1789, et s'adressa à l'opinion par un « Avis au Tiers-Etat » — empreint d'une haute et calme raison et de cet amour de la liberté dont battaient alors tous les cœurs — que suivirent nombre d'articles et de projets sur l'organisation de l'armée, des finances, du commerce et de l'industrie. Son fils fut aussi élevé au Collège de Vannes, il y était élève de la marine en 1786.
Voir *Dictionnaire historique, géographique et biographique de Maine-et-Loire*, Célestin Port.
(2) Né à Vannes, le 21 juin 1648, fils de Claude de Francheville qui, nous l'avons déjà dit, avait été le parrain du père de Le Sage. Il était avocat général au Parlement de Bretagne quand, sous la direction du P. Huby, missionnaire attaché au Collège, et le collaborateur de sa tante Catherine dans la fondation des maisons de retraite, il entra dans les ordres. Il devint évêque de Périgueux, en 1694, et y mourut, le 26 mai 1702. Louis XIV l'avait en grande estime. Sa ville épiscopale, qu'il combla de bienfaits, a gardé son souvenir; sa plus belle place porte encore son nom. Sa ville natale qui lui dut d'importantes réparations à son Hôtel-Dieu et la construction d'une église; qui, à la nouvelle de sa mort, lui décerna les honneurs funèbres insignes, semble aujourd'hui l'avoir oublié ainsi que sa tante. Dans la nouvelle dénomination des rues, riches en noms historiques plus ou moins connus, aucun ne rappelle leur mémoire. — V. *Essai historique sur Mgr de Francheville*, par Albert Dujarric, Périgueux, 1874.

habitées par les écoliers ; et les archives ont conservé des traces nombreuses de leurs espiègleries, de leurs fredaines et de leurs méfaits. En mai 1677, mis sans doute en goût par les représentations au théâtre du Collège, ils veulent entrer à la Comédie... mais sans payer, menaçant de forcer les portes et de maltraiter les comédiens; le sénéchal est obligé d'intervenir. Ces fredaines étaient peu de chose; mais il n'en était pas de même de leurs querelles et de leurs rixes avec les habitants — clercs, soldats, bourgeois, artisans, — rixes parfois sanglantes [1]. Aussi, en 1679, de nombreuses plaintes sont faites à la police « contre les escholiers qui courent les rues toutes les nuits, armés de bâtons, pistolets et épées, maltraitant les habitants qui sont obligés par leur profession de sortir la nuit [2]. »

Et les ordonnances de police avaient beau défendre aux gens qui les logeaient « de les laisser sortir le soir passé 9 heures... de leur laisser porter des armes... de loger ceux qui ne vont point en classe..., » et le sénéchal de les menacer et de les frapper parfois d'exclusion du Collège, de la ville et des faubourgs, les bandes de mutins (80, 100), n'en continuaient pas moins leurs méfaits : les archives du présidial relatent, en 1730, une véritable échauffourée qui dura plusieurs jours et que la justice eut à réprimer, sur la requête de huit nobles et notables habitants adressée au lieutenant général de la police, Dondel, seigneur de Kergonano, reprochant aux écoliers « de s'assembler sur la place publique armés de sabres, pistolets, haches et bâtons... les plus petits

---

[1] Aux archives de la Mairie de Vannes on trouve, à la date du 22 novembre 1709, un acte de décès ainsi libellé : « Inhumation, dans l'église de N.-D.-du-Mené, de Guillaume Cadoret, écolier, étudiant en théologie, de la paroisse de Bignan, lequel fut trouvé mort sur notre paroisse, la nuit précédente, y ayant été tué, et ordonné de justice qu'il serait enterré dans cette paroisse. »

[2] Si l'on admet, d'après le P. de Jouvency, que le collège de Vannes comptait alors 1.200 élèves, on juge combien étaient peu sûres la nuit, avec les bandes de pareils perturbateurs, les rues étroites, tortueuses et sans éclairage de la ville de Vannes qui ne possédait à cette époque que 7.000 à 8.000 habitants — par conséquent à peine 2.500 hommes faits — et l'on comprend les plaintes réitérées que contiennent les archives du présidial, contre les écoliers du Collège des Jésuites.

des dits les poches remplies de pierres... affectant de se cabaler la nuit pour parvenir plus sûrement à leurs pernicieux desseins... attaquer journellement ceux qui ont le malheur de leur déplaire, sans exception de rang ni de qualité. »

En 1740, nouvelle algarade ; un soldat du régiment de Chartres, alors en garnison à Vannes, est transporté, couvert de blessures, à l'Hôtel-Dieu de la rue Saint-Nicolas, où il dépose que, se promenant dans la soirée du 11 novembre près de la place du Marcheix — véritable domaine de messieurs les écoliers — il avait été attaqué par plusieurs jeunes gens « des écoliers, car ils parlaient latin avant de le maltraiter » qui se mirent d'abord à lui « lancer des pierres, puis lui donnèrent des coups de bâton et, l'ayant jeté par terre, lui enlevèrent son chapeau et son épée [1]. »

Voici ce qui est bien plus grave.

Le vendredi matin, 20 décembre 1743, un cadavre était trouvé dans le port de Vannes. Il fut reconnu pour être celui d'un nommé Louis-Marie Pédron. Le rapport d'autopsie fait par noble homme Jan Guitern du Defaye, docteur en médecine, conseiller ordinaire du roi, constata que Pédron avait été brutalisé et étouffé avant d'être jeté à la mer. Bientôt on sut que Pédron, depuis huit jours qu'il était revenu à Vannes, fréquentait une auberge de la rue Calmont-Haut, tenue par la veuve Truscat (en ce moment à Lorient), et sa fille, la veuve Nicolas — que la rumeur publique accusait de n'avoir pas été étrangère à la mort de son mari, quelques mois auparavant — où, dans la nuit du 19 au 20 décembre, les voisins et des passants avaient entendu le bruit de rixes entre gens ivres et des cris « à la force ! »

Or, dans ce cabaret [2] mal famé, véritable coupe-gorge, aux

(1) Tout ce que nous venons de dire sur la conduite des élèves du Collège est extrait des registres du présidial de Vannes. Archives du Morbihan (V. *Revue Morbihannaise*, mai et juin 1894. *Choses d'autrefois. Les écoliers*, par l'abbé Max. Nicol).

(2) Voir ci-dessus, p. 16, la note tirée de la *Revue Morbihannaise* où l'on dit que les élèves étrangers à la ville « étaient reçus chez des hôtes choisis. » — Les 7 ou 8 écoliers qui parurent au procès étaient presque tous logés chez des gens de rien : chez Gouspain, cordonnier, chez la Gouspain, chez la veuve Boucherie, la Saint-André, la Saint-Germain, des noms de guerre, comme on dit : la Saint-Germain étant femme Raccapé; un seul, chez une demoiselle Le Breton.

dires des témoins entendus au procès, logeaient des écoliers, Duby, originaire de Ploërmel, et Gabriel Le Roy, 23 ans, élève de physique, originaire de Meslan [1], qu'un des passants avait vu aux prises avec Pédron, ainsi qu'un troisième écolier, Kermouël Bellec, 24 ans, élève en théologie, aussi natif de Meslan.

La victime ayant été trouvée dans la mer, l'affaire ressortissait au tribunal de l'Amirauté [2]. Le jour même, une information d'office de Noël Bourgeois, écuyer, sieur de Limur, conseiller du roi, lieutenant général civil et criminel du siège de l'amirauté de l'évesché de Vannes, fut commencée — elle ne se termina que le 26 mai, après l'audition de 65 témoins — il en résulta que Le Roy, Kermouël et la Nicolas furent inculpés de l'assassinat de Pédron.

Dès le lendemain de la découverte du cadavre, alors qu'aucune information n'était dirigée contre eux, nos trois accusés s'étaient enfuis ; n'était-ce pas s'avouer coupables ? Kermouël et la Nicolas ne purent jamais être retrouvés; mais Le Roy, après maintes recherches, fut découvert, le 11 mai 1744, caché dans un grenier de la maison noble de Stanguingan, en Meslan.

Ramené à Vannes, il fut, après trois interrogatoires faits successivement par trois membres du tribunal [3] et confrontations avec les principaux témoins, malgré ses protestations d'innocence, condamné, le 24 juillet 1744, « à être rompu vif, estant préalablement soumis à la question ordinaire et extraordinaire [4]. »

Le Roy en appela devant le Parlement de Rennes qui

(1) Aujourd'hui commune du canton du Faouët (Morbihan).
(2) Voir aux archives de la Préfecture, liasses de l'amirauté, années 1744 et 1745, ce curieux et long procès — qu'on essaye de résumer ici le plus succinctement possible. Il y a près de 300 feuillets à étudier. M. le docteur de Closmadeuc qui le premier l'a consulté, en fit l'objet d'une courte communication à la Société polymatique du Morbihan.
(3) MM. Noël Bourgeois, sieur de Limur, déjà cité ; Charles Louis Chanu, sieur de Kerhédin, lieutenant particulier civil et criminel de l'amirauté ; Gervais-Guillaume Kermasson, avocat en la cour.
(4) Ce même jugement condamnait Kermouël Bellec à la même peine que Le Roy, et la Nicolas, à être pendue et étranglée. Les deux contumax furent aussi exécutés, mais en effigie.

ordonna de nouvelles informations — 26 nouveaux témoins furent entendus — nouveaux interrogatoires et nouvelles confrontations. Enfin, la Cour, par arrêt du 23 septembre 1745, confirma la condamnation rendue le 24 juillet 1744 par le tribunal de l'amirauté.

Le 25 septembre, soumis à la question ordinaire, c'est-à-dire sans torture, Le Roy avoua que lui et Kermouël avaient étouffé Pédron et que tous les deux, avec Duby [1] qu'ils avaient forcé à les aider, l'avaient jeté à la mer. Mis à la torture — on espérait qu'il dénoncerait d'autres complices, surtout « La Nicolas » — il maintint son aveu au milieu des souffrances, neuf fois répétées, du brasier aux pieds.

Deux heures après, il faisait demander le lieutenant criminel et rétractait ce qu'il avait avoué par appréhension et crainte du tourment [2], dit-il; il n'en fut pas moins exécuté le soir même, à 9 heures, aux flambeaux [3], sur un « échaffaut » dressé pour cet effet sur la place du Marché [4]; seulement, par délibéré de la Cour, il fut étranglé avant d'être roué.

De tout ce qui précède, n'est-on pas autorisé à conclure qu'il est exagéré de dire : « au Collège on travaillait ferme et la discipline était sévère [5]. »

Était-ce la faute des R.R. P.P. si leurs élèves se conduisaient ainsi ? Assurément non. La cause de cet état de choses

---

[1] Duby qui n'avait pas été compris dans l'inculpation avait aussi disparu.
[2] Le lieutenant criminel lui fit observer qu'il avait avoué avant la torture, pendant la torture, et maintenu ses aveux après avoir été détaché du tourment, le tout sans variation. (V. aux archives de l'amirauté le procès-verbal de torture et celui de rétractation des aveux).
[3] V. aux mêmes archives. « Reçu de M... 12 livres 15 sols pour les flambeaux que j'ai fournis pour l'exécution du sieur Le Roy. Vannes, 18 janvier 1746. — Signé Gandon. »
[4] C'était le lieu ordinaire des exécutions. « Tout devant (le Collège) est la place du Marché où les foires se tiennent et les exécutions de justice se font, y ayant toujours une potence et une eschelle à doubles eschelons toutes dressées. » *Itinéraire de Bretagne en 1636*, Dubuisson-Aubenay.
[5] (V. *Revue Morbihannaise. Choses d'autrefois. Les Écoliers*, Max. Nicol, p. 14). « Au Collège, on travaillait ferme et la discipline était sévère; dans les pensions, sous la direction des hôtes, les plus âgés ou les plus savants surveillaient leurs condisciples. Ordinairement tout allait bien. »

— que nous retrouvons après leur départ, avec moins de gravité et de tragique cependant — résidait sans doute dans le système du recrutement des élèves, venus de tous les points de la Bretagne ; pour un grand nombre, paysans à peine dégrossis, naturellement batailleurs, comme le sont encore de nos jours les Bretons, logés ici et là chez des particuliers, des ouvriers, des cabaretiers, qui trouvaient ainsi le moyen de faire quelque gain, mais n'étaient pas moralement capables de guider et de diriger ces jeunes gens que les P.P. ne pouvaient pas efficacement surveiller, à cause de leur trop grand nombre, disséminés qu'ils étaient dans tous les quartiers de la ville et des faubourgs.

Certes, l'internat a ses inconvénients et ses dangers ; mais l'externat, dans de telles conditions, en a de pires encore [1].

(1) Voici, d'après le premier interrogatoire de Le Roy, **une journée de jeudi d'écoliers du Collège.**
« Le dit jour (jeudi 10 décembre) ayant congé au Collège, il sortit de
» chez lui après s'être levé environ les 9 heures du matin et alla sur la
» place des Lices où il rencontra le sieur Kermouël et son frère actuel-
» lement en rhétorique au Collège de cette ville, avec lesquels et à leur
» prière ils allèrent déjeuner ensemble chez la Saint-Germain dont le ca-
» baret est situé sur le port ; dit qu'environ les midi ils se séparèrent,
» lui interrogé s'étant rendu chez la Truscat où il dîna ; après quoi il
» retourna rejoindre le sieur Kermouël environ 1 h. 1/2 chez la Boucherie
» où il logeait, avec lequel, son frère n'y étant pas, ils se rendirent tous
» les deux chez la Truscat étant lors environ 3 h. ; ajoute que le sieur
» Pédron y était assis auprès du feu occupé à boire une chopine de vin,
» lui interrogé et le dit Kermouël se joignirent à lui et burent tous les
» trois ensemble sans pouvoir dire la quantité de bouteilles d'autant que
» deux autres écoliers nommés Hapel et Le Roy portant le même nom que
» lui interrogé sans être parent étant en théologie et le dit Hapel en phy-
» sique y passèrent une demi-heure seulement et burent aussi ; déclare
» qu'après la sortie de ces deux écoliers, l'heure du souper approchant, le
» dit Pédron dit qu'il resterait en prendre sa part et convient, lui interrogé,
» qu'étant à table à côté du dit Pédron, il eut avec lui une dispute, mais
» sans en être venus aux mains ; après le souper, le dit Pédron ayant dit
» quelque chose à la V° Nicolas qu'il ne put entendre, elle lui dit avec
» vivacité d'aller trouver sa femme, » (N'est-ce pas là le nœud de l'affaire :
Pédron venant sur les brisées des écoliers!) « Duby prit alors parti pour
» la Nicolas et se colleta pendant quelque temps avec le dit Pédron de
» façon qu'ils tombèrent tous les deux sur un lit à tombeau du côté de la
» rue ; mais lui interrogé et Kermouël les ayant séparés, la dite Nicolas
» le fit sortir de chez elle sur la rue et ferma la porte dont elle se servit
» de la clef n'ayant pas voulu que lui interrogé qui s'y était offert l'eut été
» conduire, et déclare ne l'avoir point revu depuis ; qu'il était environ onze
» heures du soir lors de la sortie du dit Pédron ; qu'il se coucha, lui, à

Il y avait 133 années que les R.R. P.P. dirigeaient le Collège de la ville de Vannes, qu'ils avaient rendu si important; mais l'empire qu'avaient pris en tout les Jésuites — ils s'étaient emparés, entre autres, du monopole de l'éducation de la jeunesse, surtout en Bretagne, où ils avaient la direction, outre du Collège de Vannes, de ceux de Nantes, de Rennes, de Quimper, de Brest — empire qui s'étendait dans tous les Etats catholiques de l'Europe, et les rigueurs, les persécutions qu'on les accusait d'avoir provoquées contre leurs adversaires, leur avaient aliéné bien des cœurs et créé bien des ennemis.

L'esprit laïque commençait déjà à s'émouvoir des envahissements de la trop puissante congrégation, et bientôt l'orage qui depuis la mort de Louis XIV grondait contre elle, allait éclater.

Ils avaient cependant fait bien des concessions : ils s'étaient soumis, nous l'avons déjà dit, à l'obligation, imposée par le roi, de tenir registres des entrées dans leurs noviciats et de dresser, sur ces registres, les actes des premiers ainsi que

» une heure après minuit, également Kermouël auquel il céda la moitié
» de son lit; qu'à l'égard de Duby, il s'était couché quelque temps aupa-
» ravant, d'autant que la fièvre l'avait pris; et ne savait à quelle heure
» la Nicolas fut se coucher; ajoute qu'il fit des reproches à Duby de ce qu'il
» avait fait sortir Pédron à une heure si indue, le traita de bougre de fils
» de mercier et voulut même le frapper (ce qui fit à la fille de la Truscat
» crier force) mais en fut empêché par Kermouël et la V⁺ Nicolas. »
Mais dans ce récit de cette journée de jeudi, Le Roy a négligé de dire que dans sa dispute avec Pédron pendant le souper, il fut question d'aller sur le terrain se mesurer à l'espadon dans la ruelle du Jointo toute voisine ou à la Madeleine, et qu'à plusieurs reprises il s'écria : « J'aurai sa tête ou il aura la mienne » (déposition de la fille d'auberge), qu'à la suite du souper, on continua à boire en mangeant des châtaignes apportées par la Tréhondat vers 9 h. 1/2 — Ce témoin n'a pas vu Pédron que Le Roy dit n'avoir été chassé qu'environ 11 heures — qu'imprimé de vin, jurant et sacrant, ayant le diable au corps, il se colleta avec Duby qu'il faillit étrangler (dépositions de la Jumée et de la Tréhondat, deux commères voisines qui n'ont quitté le cabaret qu'à minuit et demi et qui furent inculpées dans la seconde instruction ordonnée par la Cour de Rennes).
Quelle vie d'écoliers!
Aussi le juge enquesteur demande à Le Roy « si ce n'est pas par esprit de libertinage et à l'insu de ses parents (aucune mention à la surveillance des R. P.) qu'il s'est mis en pension dans un cabaret, demeure peu convenable, indépendamment de la mauvaise réputation de ce cabaret, pour un écolier qui se destinait sans doute à l'état ecclésiastique. »

des derniers vœux prononcés dans leurs maisons [1] ; ils avaient même consenti, afin de garder les bonnes grâces du monarque, à mettre une sourdine à leur doctrine [2]; pour se conformer à l'édit de Louis XIV [3], eux, les promoteurs des préceptes ultramontains, enseignaient — à Vannes, du moins [4] — les quatre articles de la Déclaration de 1682 du Clergé de France, qui proclamait les « libertés de l'Eglise gallicane » et, limitant l'autorité du Souverain Pontife dans le royaume, créait presque un schisme et affirmait une doctrine que l'on considérerait aujourd'hui comme une hérésie.

Malgré ces concessions, ils n'avaient pas réussi à désarmer leurs antagonistes.

(Nous n'avons pas l'intention de mettre sous les yeux des lecteurs ni toutes les causes, ni toutes les phases des procès intentés aux Jésuites, notre unique but ici n'étant que d'expliquer comment ils furent obligés de quitter le Collège de Vannes. Nous ferons seulement remarquer que c'est dans la catholique Bretagne que fut pris contre eux un des premiers arrêts d'expulsion.)

Les membres des Parlements, magistrats aux mœurs rigides, la plupart zélés gallicans, sinon jansénistes, avaient toujours désapprouvé la morale — qu'ils trouvaient relâchée — des Jésuites, et leurs statuts, qu'en légistes judicieux, ils déclaraient dangereux pour l'Etat.

---

(1) Voir plus haut la note sur le « *Livre des Vœux.* »
(2) Le P. Bouhours, dans sa *Vie de saint François Xavier*, 1682, avait félicité Louis XIV d'avoir écarté de ses Etats « la peste de l'Inquisition » et le P. La Chaise, son confesseur, ne s'était pas opposé à ce qu'il en appelât du pape au Concile. Et plus tard (1730-1749), les P.P. Longueval et Berthier publièrent une *Histoire de l'Eglise gallicane*, tout imprégnée des idées du temps. (V. Rambaud, *Histoire de la Civilisation française*, t. II, p. 41).
(3) Et aussi pour ne pas se rendre hostiles les membres du clergé du diocèse, la plupart gallicans, plusieurs même jansénistes.
(4) Nous extrayons d'une lettre pastorale de Mgr Berlin, évêque de Vannes, au clergé de son diocèse (28 juin 1762), le paragraphe suivant « Nous joignons ici copie de la Déclaration donnée par le clergé en 1682. Vous en connaissez depuis longtemps l'autorité ; les différentes dispositions qu'elle contient **ont été plusieurs fois enseignées sous nos yeux dans le Collège de cette ville** et imprimées dans les thèses publiques...... Ce témoignage public que nous rendons à ceux qui ont jusqu'ici gouverné ce Collège est une justice que nous leur devons. »

Le 27 mai 1762, le Parlement de Rennes, après un réquisitoire sévèrement motivé du procureur général *Caradeuc de La Chalotais* [1], prononça la dissolution de la Société des « soi-disans Jésuites, » leur ordonnant d'évacuer, le 2 août au plus tard, les Collèges qu'ils dirigeaient en Bretagne.

(Rappelons, pour mémoire, l'arrêt du 6 août du Parlement de Paris, supprimant l'Institut des Jésuites en France et ordonnant la vente de leurs biens ; les deux édits du roi *Louis XV*, dont le dernier (26 novembre 1764) déclarait que l'ordre cessait d'exister dans le royaume ; enfin le bref « **Dominus ac redemptor** » du pape *Clément XIV* (27 juillet 1773) prononçant la suppression de la Compagnie de Jésus.)

Ainsi, par un de ces retours dont l'histoire offre tant d'exemples, on vit les instigateurs de la révocation de l'Edit de Nantes et les persécuteurs des solitaires de Port-Royal, menacés à leur tour de persécutions et, devenus familiers avec la fuite, la misère et l'exil, réduits, comme l'avaient été leurs victimes, à demander asile à l'étranger, au roi de Prusse.

Les Jésuites furent ainsi forcés de quitter le Collège de Vannes, après y avoir enseigné pendant 133 années.

Les derniers R.R. P.P. recteurs furent, de 1748 à 1762, les P.P. *Joseph Allanic, d'Hautecourt* [2], *de Gennes* et *Lamy*.

---

(1) La Chalotais paya par une détention arbitraire (1765), qui l'a surtout rendu célèbre, son intervention contre la Compagnie. Un ami des Jésuites, le duc d'Aiguillon alors gouverneur de Bretagne — il fut plus tard du dernier ministère de Louis XV, que le peuple qualifia de **triumgueusat** — dont l'intègre et courageux procureur général avait dévoilé au Parlement les malversations, le fit enfermer, sans jugement, dans la citadelle de Saint-Malo. La Chalotais s'était occupé, dans son *Essai d'Education nationale*, de la réorganisation de l'instruction publique ; il y revendiquait pour l'Etat le droit de diriger, de surveiller l'éducation de la jeunesse.

(2) Un cours manuscrit de philosophie de ce R. P. se trouve à la bibliothèque de la ville de Vannes.

CHAPITRE III

LE COLLÈGE SOUS LA DIRECTION DES PRÊTRES DU DIOCÈSE — ÉCOLE DE LA MARINE — ÉCOLE CENTRALE

Les Jésuites partis, que devint le Collège de Vannes ?

A en croire les Annales de la Compagnie, ce fut sa fin. « **Ainsi périrent en peu de mois** — disent-elles — **les ressources préparées et ramassées en de longues années, grâce à la générosité bretonne et à nos fatigues, pour la plus grande gloire de Dieu, sur le sol de l'Armorique !** »

Rien n'est plus erroné.

L'expulsion des R.R. P.P. n'arrêta ni la continuation des études, ni la prospérité de l'établissement. La direction du Collège fut confiée, avec les revenus des domaines et des bénéfices y attachés, à des prêtres du diocèse, logés, meublés et payés par la ville, comme l'avaient été les Jésuites; ce ne fut qu'un changement du personnel des fonctionnaires.

Ce qui va suivre le démontrera amplement.

L'arrêt du Parlement de Bretagne, ordonnant aux Jésuites d'évacuer les collèges qu'ils dirigeaient dans la province, au plus tard le 2 août — c'est-à-dire à la fin de l'année scolaire — est du 27 mai 1762. Dès le 23 juin, la Cour se préoccupait de la nouvelle organisation de l'établissement et, tout en confiant à une commission de membres de la communauté de la ville le choix des professeurs, dont elle fixait le nombre et les émoluments [1], elle nommait, le

---

(1) Principal, 1,800 livres (plus 400 livres avec obligation de subvenir aux besoins du culte et de l'instruction religieuse) ; sous-principaux et régents des classes supérieures, 1,100 livres ; régents d'humanités, 900 livres ; des classes inférieures, 800 livres ; des valets, 200 livres — en plus, le logement meublé. (Il faut doubler au moins ces sommes pour avoir leur valeur actuelle, en francs.)

17 juillet, « sans nuire ou préjudicier aux droits des parties »
Marc Le Rieux, recteur de Pluneret, principal du Collège
de Vannes. Mais déjà, le 6 juillet, les commissaires de la
communauté de la ville « sans manquer au respect dû à
l'autorité de la Cour, non plus qu'à la parfaite et entière
soumission qu'exigent les arrêts qu'elle prononce, » voulant
protester contre l'ingérence du Parlement dans une question
que, suivant eux, la ville avait seule le droit de régler, avaient
soumis à la communauté une suite de réflexions à cet égard;
celle-ci présenta, en conséquence, le 30 juillet, au Parlement,
une requête aux fins de rentrer dans la plénitude de ses
droits de patronage comme fondatrice du Collège, et le
10 août suivant, tout en protestant contre la nomination du
sénéchal à la présidence de la commission de la communauté
dont il n'était pas membre, elle nommait pour sous-principaux MM. Le Baud et Willem, prêtres; pour professeurs de
philosophie, les sous-diacres Botmel et Germain, et pour
régents des classes de la rhétorique à la cinquième, cinq
clercs tonsurés : MM. Kerouault, Pasco, Le Sciellour, Auffret,
Grinne.

Le 17 août 1762, un arrêt du Parlement de Rennes créait
un Bureau d'administration du Collège, qui ne fut que provi-
soire, et fut remplacé, six mois après, en exécution d'un édit
du roi Louis XV, du 3 février 1763, par un bureau définitif,
constitué de l'évêque, président, du sénéchal, du procureur
royal, du maire, d'un échevin, de deux notables choisis par
le bureau et du principal.

Et dès le mois d'octobre 1762, la rentrée des classes eut
lieu comme de coutume. Cependant, on le comprend, un si
grand changement dans la direction de l'établissement, et
surtout une taxe, une rétribution de 12 livres [1] par an

(1) Le gouvernement de Louis XV, mal informé sur les conditions de la
situation des Jésuites au Collège de Vannes, avait, suivant l'arrêt du Parlement de Paris, prononcé la confiscation des biens attachés au Collège
comme leur appartenant. Le Collège, ainsi privé d'importants revenus,
n'aurait pu subsister; c'est pourquoi le Parlement avait établi cette taxe
pour subvenir aux émoluments des professeurs. Mais la question de propriété ayant été élucidée, ainsi que nous le verrons plus loin, en faveur
de la ville, la taxe fut supprimée en 1764.

imposée à chaque écolier par arrêt du Parlement, devait amener une diminution d'élèves dont le nombre, en cette année, fut réduit à 375. Mais ce ne fut qu'une éclipse : la confiance dans la nouvelle direction, jointe à la suppression de la taxe, ramena les élèves dont le nombre atteignait, en 1765, 508 [1], autant qu'à la veille de l'expulsion des Jésuites [2]; on pourrait même dire plus, attendu que les deux classes de théologie qui existaient au temps des R.R. P.P. avaient été distraites par ordre du Parlement et transférées au séminaire du diocèse.

Il est donc certain que le Collège de Vannes ne pâtit point, dans sa population, du départ des Jésuites.

Il ne pâtit point non plus dans ses ressources et sa situation financière.

A qui appartenait le Collège de Vannes ? Les historiens de la Compagnie de Jésus et surtout les Jésuites de nos jours ont l'habitude de dire, quand ils parlent du Collège de Vannes, **notre Collège**; ainsi, le P. Orhand, dans son Histoire du P. Pillon [3], parlant de la fondation à Vannes, en 1850, de l'école Saint-François-Xavier, dit : « Mais ce n'est point dans **son ancien Collège** que rentrait la Compagnie. Il était là, pourtant, sur le coteau... sa chapelle d'autrefois domine toujours la place publique; rien qu'à la voir, on est assuré qu'elle **appartient aux Jésuites.** » Et ils ont si souvent formulé cette assertion que la plupart des gens n'en font doute.

Or, il a été dit précédemment comment avait été fondé le

---

(1) Voir, aux archives de la Mairie, les comptes de M. Coquerel, receveur du Bureau du Collège où l'on lit : Il a été reçu au Collège, depuis la Saint-Luc (18 octobre 1765), jusqu'au mois d'août 1766, 508 écoliers dont 502 ont payé les 20 sols, les autres ayant été reçus gratis...... » (Vingt ans après, à la veille de la Révolution, suivant les comptes du même Coquerel, le Collège comptait encore près de 460 élèves). Les 20 sols, payés de tout temps par chaque élève, étaient destinés à subvenir aux frais des lumières pour les classes du soir en hiver, à l'entretien des vitres et des bancs, à l'achat d'images et d'autres objets donnés, en récompenses (V. Mémoire adressé au Parlement de Bretagne, le 8 août 1766).
(2) V. *Histoire du P. Pillon et les collèges de Brugelette, Vannes, etc.*, par le P. Orhand, p. 100. Passage déjà cité.
(3) *Le R. P. Pillon et les collèges de Brugelette, Vannes, etc.*, p. 108.

Collège, en 1574, par le Corps politique de la ville, aidé de trois généreux donateurs; comment, un demi-siècle plus tard (1629), Vannes avait appelé à la direction de son Collège les R.R. P.P. Jésuites, à qui elle payait des traitements ; comment et avec quels fonds avaient été construits de nouveaux bâtiments et la chapelle actuelle !

Voici en outre deux faits qui prouvent qu'au temps où les Jésuites dirigeaient le Collège de Vannes, ils ne s'en regardaient pas comme les propriétaires : aux archives de la Mairie se trouve, à la date du 21 février 1727, une requête des Pères au Conseil de la ville, demandant de vouloir bien accorder, sous le bon plaisir de Mgr l'Intendant, telles sommes qu'il lui plaira... pour la réédification de la charpente et du dôme de la chapelle qui menacent ruine; et ils déposent à l'appui un devis des réparations à faire, avec l'estimation du prix des ouvrages à exécuter, sur le vu duquel la communauté vote une allocation de 5.000 livres, à prendre sur les revenants-bons de ses deniers patrimoniaux et octrois ; en novembre 1756, nouvelle demande de secours pour réparations aux bâtiments et travaux à faire aux classes délabrées.

Si les Jésuites s'étaient cru les propriétaires et du Collège et de sa chapelle, se seraient-ils astreints, eux si riches, à quémander des secours de la ville pour réparations et entretien de leurs édifices ? N'auraient-ils pas, de leur bourse, pourvu aux travaux à faire à leur domaine ? Comprend-on un propriétaire venant demander à la ville des fonds pour réparer sa maison !

Non, jamais les Jésuites ne furent les possesseurs du Collège de Vannes, ni des biens qui y étaient attachés.

D'ailleurs, le résumé des réclamations de la ville présentées en 1762, au sujet de la propriété du Collège, et le procès qu'elle soutint devant le Parlement de Rennes, et la décision définitive de la Cour en faveur de Vannes, vont le prouver péremptoirement.

Le Parlement de Bretagne, par son arrêt du 27 mai 1762, n'avait prononcé contre les Jésuites que leur expulsion des Collèges de la province; mais l'arrêt du 6 août du Parlement dé Paris, ayant autorité dans toute la France, ordonna la confiscation et la vente de leurs biens.

Le gouvernement de Louis XV, n'étant pas au courant de la situation des Jésuites au Collège de Vannes, prononça la saisie des biens attachés au Collège et ordonna la vente des effets mobiliers — qu'il croyait aussi la propriété des P.P. — dont l'inventaire, clos le 1ᵉʳ juin par le sénéchal et le procureur du roi, montait à 27.537 livres [1].

Mais la communauté de Vannes protesta, et présenta, ainsi qu'il a été déjà dit, au Parlement, le 30 juillet, une requête tendant à réclamer ses droits de fondatrice et propriétaire de son Collège, s'opposant à la confiscation des biens, et, par exploit du 4 août, à la vente des effets mobiliers saisis.

Les passages suivants, extraits de cette protestation, mettent en pleine lumière la question de la propriété du Collège.

« 1° L'arrêt (du Parlement de Paris) ayant réservé les
» droits des patrons et des communautés, celle de Vannes
» devoit faire valoir les droits qu'elle étoit fondée à réclamer
» comme fondatrice de son Collège.

» 2° Cet article a trait à la fixation des traitements des professeurs,
» à laquelle l'état des finances de la ville ne permet pas de se con-
» former — cessation du commerce, capitation excessive de la ville,
» augmentation des denrées par suite du séjour de l'armée en Bre-
» tagne [2] — et à l'établissement de la taxe de 12 livres sur chaque
» écolier, ce qui ne peut que diminuer leur nombre et même rendre
» le Collège entièrement désert.

» 3° Les droits que la qualité de fondatrice et de dotatrice
» du Collège donne à la ville de Vannes ne consistent pas
» seulement à concourir, avec beaucoup d'autres, à la simple
» indication des sujets, mais principalement à en faire le
» choix et la nomination, à veiller à la régie et à la conser-
» vation des biens et au maintien du bon ordre dans le
» Collège. Tels étaient les droits de la communauté sur le

(1) Voir cet inventaire aux archives départementales.
(2) C'était pendant la désastreuse guerre de Sept Ans; la Bretagne menacée d'une invasion des Anglais qui, après avoir détruit notre flotte sous Belle-Isle, s'étaient emparés de cette île importante.

» Collège avant l'établissement des Jésuites ; l'exercice de
» ces droits, la communauté ne l'a que suspendu sous le
» régime des Jésuites; elle ne s'en est pas dépouillée; elle a,
» au contraire, acquis de nouveaux droits *en dotant de plus*
» *en plus les Jésuites.* Cette qualité de dotatrice et de princi-
» pale fondatrice de son Collège ne peuvant être contestée
» à la communauté de cette ville, il est sans contredit de son
» intérêt de demander à rentrer dans l'exercice de tous ses
» droits de patronage......

» 4° L'arrêt de la Cour, en ordonnant que les immeubles
» des Jésuites, autres que les collèges, et les biens de cam-
» pagne attachés aux dits collèges seraient prisés, ainsi que
» les meubles et effets des Jésuites, tend naturellement à la
» vente de ces biens; si les Jésuites de cette ville possèdent
» des biens, *ils ne les tiennent que des bienfaits de la commu-*
» *nauté de cette ville ou des donations faites en faveur du*
» *Collège.* Tous ces biens sont donc au Collège. Par la
» rentrée de ces fonds, la communauté se trouverait en état
» de fixer de plus forts appointements pour les professeurs
» et régents, sans être obligée de recourir à la voie disgra-
» cieuse d'imposer une taxe sur chaque écolier [1]. »

Enfin, après de longs débats où furent servis à la Cour les
titres de la ville, le Parlement de Bretagne rendit, le
20 juillet 1764, un arrêt par lequel *la communauté de la ville*
de Vannes fut maintenue dans ses titres, qualités et droits
de fondatrice de son Collège, pour en jouir conformément
à l'édit de Louis XV, du 3 février 1763 [2].

Cet arrêt fut confirmé par une ordonnance royale où l'on
lit :

« Art. 1. Le Collège de notre ville de Vannes sera et

---

[1] Voir *Origines historiques de la ville de Vannes. Les Collèges,* A. Lallemand.

[2] Cet édit comportait un règlement pour les collèges et maisons d'éducation du royaume. Le Gouvernement comprenait enfin qu'il était de son droit
et de son devoir de diriger et de surveiller l'éducation de la jeunesse. (Le
fameux procureur général du Parlement de Rennes, La Chalotais, dans
un *Essai sur l'Éducation nationale,* où il s'occupait de la réorganisation de
l'instruction publique, avait — on l'a déjà dit — revendiqué pour l'État ce
droit de surveillance et de direction).

» demeurera conservé, confirmant, en tant que besoin, l'an-
» cien établissement du dit Collège.

....

« Art. 8. Tous les biens qui ont appartenu jusqu'ici au
» dit Collège, à quelque titre que ce puisse être, continueront
» à lui appartenir à l'avenir comme par le passé... »

De plus, le roi voulant manifester l'intérêt qu'il portait au Collège, ajouta à ses revenus, par lettres patentes données à Versailles, le 25 juin 1767, une subvention annuelle de 3.000 livres [1], afin que les administrateurs puissent y compléter le cours des études et se trouvent en état de le remplir des meilleurs maîtres, par l'augmentation de leurs honoraires [2].

Cependant, la communauté de la ville, prétendant à l'administration exclusive de son Collège, continua de protester contre l'application de l'édit royal du 3 février 1763, par lequel l'Etat prenait la haute direction sur l'enseignement et le personnel des collèges — ce qu'elle déclarait attentatoire à la liberté des pères de famille — et elle réclamait au moins le choix et la nomination des régents; néanmoins, après avoir consulté de célèbres avocats, elle renonça à faire changer les dispositions de l'édit, mais elle ne se contenta pas de rentrer dans la possession seule des immeubles attachés au Collège.

On se rappelle que dès le 4 août 1762, elle avait fait opposition à la vente des effets mobiliers saisis chez les Jésuites, mobilier qu'elle prétendait lui appartenir, comme l'ayant de ses deniers fourni aux R.R. P.P. De ce côté, elle eut encore gain de cause, et voici à quelle occasion.

---

(1) Cette subvention devait être prélevée sur les impôts et billots (droits de péage et de circulation) de la province de Bretagne, et sur la somme de 7,000 livres anciennement attribuée au Collège royal de La Flèche d'où les R.R. P.P. venaient aussi d'être expulsés. Ce Collège, fondé en 1603 par Henri IV qui en confia la direction aux Jésuites, était converti en École militaire ; c'est aujourd'hui le Prytanée.

(2) Ces lettres patentes disent, en outre, que les places de professeurs « seront remplies par personnes ecclésiastiques ou séculières; » c'était un commencement de laïcisation. Aussi y trouve-t-on, en 1786, régent de troisième, M. *Géanno* qui sera principal du Collège universitaire, de 1801 à 1830.

Le principal, Marc Le Rieux, avait demandé, avant de prendre la direction de l'établissement, que l'on dressât — ainsi que cela se pratique toujours à l'entrée en fonctions d'un nouveau chef de service — un état des lieux. Le bureau d'administration, présidé par l'évêque, ordonna qu'une enquête fût faite par trois entrepreneurs de constructions, assistés de messires Houët de Chesnevert, procureur du roi au présidial de Vannes, et Vincent Gibon de Kérisouët, commissaire pour la noblesse, à ce députés par le bureau.

Ces enquêteurs rédigèrent, le 16 juillet 1763, un procès-verbal très détaillé de leur expertise [1].

Il ressort de cet intéressant document qu'au départ des Jésuites, l'établissement était dans un piteux état; ainsi, entre autres choses signalées, il constate que « le logis servant de classe de troisième menace ruine prochaine, que la classe de cinquième est inhabitable, etc.....; enfin, que les réparations urgentes et nécessaires s'élèvent à la somme de 10.450 livres [2]. »

---

(1) Ce curieux procès-verbal a été découvert par l'auteur, en septembre 1887, lors de la démolition du vieux collège, dans un placard dissimulé dans l'épaisseur d'une muraille où il avait longtemps passé inaperçu, de même que le **livre des vœux** dont il a été parlé précédemment et quelques parchemins ayant trait à des titres de propriété du Collège. (V. aux archives collégiales).

(2) Un journal local ayant publié les plus importants passages de l'expertise, le R. P. Orhand écrivait l'année suivante, dans son ouvrage *Le P. Pillon et les collèges de Brugelette*, etc.

« Les continuateurs de la Compagnie seraient-ils bien venus à se plaindre » que le vieil édifice n'eût pas été remis en assez bon état ? Ils osèrent » noter, paraît-il, que ceci ou cela était détérioré, que les Jésuites avaient » dégradé telle chose, et le reste ? Les spoliateurs sont vraiment bien durs » aux pauvres spoliés! n'est-ce pas assez qu'on soit spolié, et faut-il encore » que l'on fasse des cadeaux et des amabilités aux spoliateurs ? »

Spoliateurs! spoliés! voilà de bien gros mots dont ma discussion a fait justice. Le R. P. Orhand, qui n'est devenu jésuite que sur le tard, n'avait pas étudié la question ; il est, je n'en doute pas, convaincu comme tant d'autres que la Compagnie avait été chassée de **son Collège**, dépouillée de sa propriété, sinon il ne se serait pas laissé aller à cette déclamation !

Quels sont ces spoliateurs assez osés pour se plaindre que les pauvres spoliés eussent laissé en mauvais état ceci, cela et le reste?

La ville de Vannes, qui reprenait **son Collège** qu'elle avait bien voulu confier aux Jésuites en les subventionnant et les dotant grassement, et qui n'était pour rien dans leur expulsion ? qui, bien au contraire, si l'on

Aussi, faisant droit aux réclamations de la ville sur la propriété du mobilier saisi, le Parlement de Bretagne, par des arrêts des 16 décembre 1763 et 7 juillet 1764, lui accorda sur le produit de la vente de ce mobilier, d'abord une somme de 4.500 livres, puis une autre de 12.500 livres « pour faire aux bâtiments les réparations les plus urgentes et relever la maison donnant sur le marché. »

Ainsi, l'on peut affirmer, sans contredit possible, que le Collège de Vannes fut loin de pâtir du départ des Jésuites, dans sa situation financière.

Souffrit-il dans son enseignement ? — Pas plus.

En voici la preuve, appuyée des dires d'un homme que les Jésuites ne sauraient désavouer, de M. de Cadoudal, dans son histoire de son oncle, le fameux chef de chouans.

« Du moins ne s'éloignèrent-ils (les Jésuites) qu'avec la
» certitude de laisser leur fondation (?) en bonnes mains.
» Le Collège passa sous la conduite des prêtres du diocèse,
» instruits à leur école, qui poursuivirent l'œuvre de la
» Compagnie avec les mêmes principes et les mêmes
» méthodes, mais en y joignant un cachet particulier au
» caractère et à l'esprit bretons. Pendant près de trente

en croit les dires de l'Abbé Tresvaux, dans son *histoire de l'Eglise de Bretagne*, accueillit avec un cri de douleur le départ des R.R. P.P. ?

Seraient-ce les membres du Bureau d'administration présidé par l'évêque, qui avaient ordonné l'expertise et nommé les experts ?

Ou bien le principal, Marc Le Rieux et ses collaborateurs « continuateurs de la Compagnie, » dignes prêtres qui laissèrent une si parfaite réputation que leur souvenir vénéré s'est gardé jusqu'à nos jours, à Vannes pour M. Pasco devenu curé de Saint-Patern et vicaire général; à Guémené pour M. Le Sciellour ; à Cléguérec, pour M. Botmel ? et dont le P. Orhand, ancien membre du clergé séculier morbihannais, a dû lui-même entendre vanter, sans doute, dans sa jeunesse, par les vieux curés du diocèse, les capacités, les mérites et les vertus!

Non, c'est probablement les universitaires — dont l'un a livré à la publicité le susdit procès-verbal — que le R. P. a visés; c'est à eux qu'il adresse cette outrageante épithète de spoliateurs; attendu que dans un autre passage de son œuvre, après avoir dit du Collège : « puis l'Université vint et s'en empara, » il ajoute cet hémistiche d'un vers de Virgile « **Barbarus has segetes!** » que l'on peut traduire « cette barbare qui jouit de ce que nous avions semé ou cette étrangère qui a usurpé notre domaine. »

Il me semble que la divulgation de ce procès-verbal ait mis hors des gonds, en ce moment, le R. P. Orhand, lui qui écrit quelques lignes plus loin : « Combien de professeurs universitaires sont excellents sous tous les rapports ! »

» années, de 1762 à 1791, la jeunesse du diocèse de Vannes
» fut dirigée par des maîtres de son sang, dont le premier
» souci était de former leurs élèves dans l'esprit des tradi-
» tions locales et de leur apprendre à aimer et à respecter
» tout ce qu'avaient aimé et respecté leurs pères [1]. »

Cet enseignement produisit plusieurs hommes remarquables, parmi lesquels on cite : l'avocat *Pierre Boullé*, qui fut membre des Etats généraux de 1789, secrétaire de l'immortelle Assemblée constituante, procureur syndic du directoire du département du Morbihan, député au Conseil des Cinq-Cents, préfet des Côtes-du-Nord, baron de l'Empire; le général *de Margadel;* les abbés *Le Priol*, qui devint recteur de l'Académie de Rennes sous la Restauration, et *Mahé*, savant archéologue, un des fondateurs et le premier président de la Société polymatique du Morbihan ; le peintre *Autissier* [2], célèbre miniaturiste sous le premier Empire ; enfin le fameux *Georges Cadoudal*, dont on aura l'occasion de parler plus loin.

De ce qui précède, n'est-il pas évident que le Collège de Vannes ne se ressentit en rien de l'expulsion des Jésuites, et que si l'on n'a qualifié que d'erroné ce passage précité des Annales de la Compagnie « Ainsi périrent en peu de mois les ressources préparées et ramassées en de longues années, grâce à la générosité bretonne et à nos fatigues, pour la plus grande gloire de Dieu sur le sol de l'Armorique ! », c'est par pure courtoisie.

Dans les dernières années du règne de Louis XV, malgré les efforts du ministre, duc de Choiseul, et surtout après sa disgrâce [3], notre marine était tombée au plus bas; même un

---

(1) *Georges Cadoudal*, par son neveu G. de Cadoudal (ch. I, pp. 6 et 7).
(2) On a donné son nom à l'une des rues de la ville de Vannes où il naquit.
(3) Choiseul fut un grand ministre. Il n'avait pas été étranger à l'affaire de l'expulsion des Jésuites et tomba, à son tour, sous les efforts des amis des R. P., appuyés de l'ignoble ascendant de la Dubarry — à qui il n'avait montré que du mépris — sur le débauché Louis XV. Il fut exilé dans sa terre de Chanteloup « emportant dans sa retraite les regrets de la France — même du roi qui, à l'annonce du partage de la Pologne, s'écria : « Ah ! si Choiseul avait été là ! » — les sympathies de l'Europe et les dernières affections du peuple pour la monarchie. »

ministre de la marine, Berryer, déclarant que la France ne pouvait sur mer tenir tête à l'Angleterre, « le roi avait fait une sorte de liquidation de la marine royale et vendu aux particuliers les vaisseaux de l'Etat et le matériel des arsenaux. Heureusement, son successeur avait la passion des choses de la marine; le plaisir de *Louis XVI* était de dessiner des cartes, de suivre nos explorateurs sur les mers; c'est lui qui rédigea les instructions pour le voyage de La Pérouse en Océanie [1] » Aussi donna-t-il toute son attention à la réorganisation de nos flottes — qui firent si bonne figure contre celles de l'Angleterre, dans la guerre de l'Indépendance américaine — et songea-t-il à créer des écoles pour la préparation des officiers de marine.

La situation de la ville de Vannes, au milieu d'une population d'intrépides marins, ainsi que la renommée qu'avait gardée son Collège, décidèrent le monarque à adjoindre à cet établissement scolaire, un **Collège de la marine** [2].

Des constructions pour loger les nouveaux élèves furent entreprises [3], de savants professeurs nommés et, en 1787, la haute surveillance de cette école fut donnée à l'évêque de Vannes. Parmi les professeurs, on remarque le célèbre calculateur *Callet*, l'auteur des tables de logarithmes; l'anglais *Cobbett* [4], qui y rédigea sa grammaire anglaise — importante pour l'époque; — *Rollin de la Farge* [5], membre de

---

(1) *La Civilisation française*, Rambaud, t. II, p. 236.
(2) Le premier Collège de marine qu'ait eu la France fut fondé par Colbert, à Saint-Malo, le 10 septembre 1669.
(3) Ce sont ces constructions que Jules Simon a présentées, dans son intéressant article « Le Collège de Vannes en 1830 » comme un commencement de travaux faits sous l'Empire. Jamais Napoléon ne fit rien pour le Collège de Vannes (V. aux archives du Collège le registre des délibérations du Bureau d'administration).
(4) Ce Cobbett, après avoir quitté le Collège de Vannes — nous aurons l'occasion de dire plus loin dans quelle circonstance — alla chercher aventure aux Etats-Unis, revint en Angleterre où il acquit une certaine célébrité comme pamphlétaire et publiciste, et devint membre de la Chambre des Communes.
(5) Ce professeur, dont nous n'avons pu découvrir le lieu de naissance était un homme d'une réelle valeur qu'avait su apprécier le célèbre mathématicien Bezout; aux écoles de marine de Rochefort, du Havre et de Brest, il avait concouru à l'instruction de 700 à 800 officiers. En 1790, il fut élu

HISTOIRE DU COLLÈGE DE VANNES. 43

l'Académie royale de marine, premier professeur de mathématiques et de navigation, et, comme examinateur des élèves, l'illustre *Monge*, le créateur de la géométrie descriptive [1].

Les renseignements sur ce Collège de la marine sont rares, et si l'on ne s'en rapportait qu'à M. Lallemand [2], la création de Louis XVI disparut sans avoir existé. Or, il résulte des recherches faites par le docteur Mauricet [3] que, dès 1788 au moins, il y avait des élèves suivant les cours de marine au Collège de Vannes [4]. Au dire de Rollin de la Farge, le Collège et l'Ecole de marine comptaient, en 1789, de 500 à 600 élèves [5].

Mais les espérances que la ville avait fondées sur cette nouvelle organisation de son Collège furent arrêtées par les décrets des 22 avril et 1ᵉʳ mai 1791, « relatifs à la suppression du corps de la marine et au mode de nomination pour sa recréation, » et par la loi du 10 août suivant sur les collèges de la marine, remplacés par des écoles publiques d'hydrographie.

procureur-syndic du district de Vannes; après la suppression de l'école de marine, il fut nommé professeur d'hydrographie à Nantes, puis professeur à l'Ecole centrale de la Loire-Inférieure. En l'an VI il fut élu député au Conseil des Cinq-Cents où il joua un rôle fort actif (V. *Ecole Nationale de Marine à Vannes. Projet de Rollin de la Farge*, Albert Macé; Vannes, imprimerie Galles, 1890).

(1) Membre de l'Académie des sciences, il fut ministre de la marine (août 1792 — avril 1793), un des fondateurs de l'Ecole polytechnique, président de l'Institut d'Egypte. Napoléon, empereur, le créa comte de Péluse; n'avait-il pas dit : « Si Corneille avait vécu de mon temps je l'aurais fait prince. »

(2) *Les Origines historiques de la ville de Vannes. Collège de la Marine.*

(3) *Monographie du Collège de Vannes. Collège de la Marine*, Alp. Mauricet.

(4) 22 août 1788. Inhumation du Chevalier de la Noue, élève pour la marine royale, décédé au Collège de Vannes (Paroisse de Saint-Patern).

6 août 1789. Inhumation de Messire Contaud de Coulanges, écolier de la marine, noyé par accident sur le rivage de la mer voisin de Lestrenic, maison de campagne du Collège de Vannes (Paroisse de Séné).

30 mars 1789. Baptême de Emilie Pellehaste, fille du sieur Michel Pellehaste, professeur royal de mathématiques au Collège de la marine à Vannes. Marraine, Thérèse Branda, épouse de noble homme Antoine Rollin de la Farge de l'Académie royale de marine, premier professeur de mathématiques au Collège de Vannes, et parrain, noble homme Gaspard Monge, examinateur des élèves de la marine, membre de l'Académie royale des Sciences.

(5) Voir *Ecole nationale de la marine à Vannes. Projet de Rollin de la Farge*, Albert Macé.

Le Collège de la marine supprimé, le principal, M. René *Chesnel*, dressa un inventaire du mobilier en provenant, estimé 10,235 francs, qui fut déposé dans les bâtiments de la Retraite des hommes [1]. Cependant, le Collège proprement dit continua d'exister jusqu'en 1794 ; seulement, à partir de mars 1791, la plupart des professeurs ecclésiastiques ayant refusé de prêter le serment à la Constitution civile du clergé, furent remplacés par des laïques. C'est alors que M. Chesnel fut nommé principal, en remplacement de l'abbé Le Botmel qui, après avoir prêté le serment le 15 février, le rétracta le 22, ainsi que le supérieur du séminaire, M. Le Gal [2]

En parlant de la conduite, ou mieux de l'inconduite en ville, des écoliers de Vannes au temps des Jésuites, on a eu l'occasion de dire que ces errements continuèrent après le départ des R.R. P.P., mais avec moins de gravité et de tragique cependant; les mœurs s'adoucissaient. En effet, à part deux algarades qu'eut à réprimer dame Justice sur « les libertins, malfaiteurs, coureurs de nuit et perturbateurs du repos public [3], » il n'y a plus à reprocher aux élèves que des incartades tragi-comiques : tels, les charivaris donnés en guise de sérénades aux personnes qui n'avaient pas l'heur de plaire à messieurs les écoliers, ce qu'ils appelaient **courir la poste aux ânes** ; les mascarades de haut goût, comme ... **la chemise foireuse** ; les brimades que l'on exerçait sur les nouveaux venus [4]; les monômes qu'il fallait se garder de fran-

---

(1) Ce mobilier fut destiné, en 1795, au pensionnat de l'École centrale dont on parlera plus loin; mais ce pensionnat, prévu à l'origine, ne fut jamais établi. Que devint ce mobilier ? Nous n'avons pu le découvrir.

(2) Voir *Georges Cadoudal*, par son neveu G. de Cadoudal, ch. II, p. 27 (M. de Cadoudal fait une erreur en nommant comme principal l'abbé Bodaut; c'est l'abbé Le Botmel qu'il faut lire).

(3) Voir *Annales Morbihannaises. Choses d'autrefois. Les Écoliers*, Max Nicol, juin 1894.

(4) Le jour de son arrivée au Collège, Georges Cadoudal donna une preuve de vigueur et d'indépendance qui le posa aux yeux de ses condisciples. A la porte d'entrée se trouvait une pierre que tout nouveau venu était contraint de baiser avant de franchir le seuil. Le jeune Cadoudal refusa opiniâtrement de se conformer à l'usage, et, faisant à coups de tête et à coups de poings la trouée au milieu de la foule des assaillants qui prétendaient lui imposer l'obéissance par la force, il pénétra jusque dans la cour sans avoir subi l'humiliation de la brimade traditionnelle » (*Georges Cadoudal*, par son neveu G. de Cadoudal, ch. I, pp. 5 et 6).

chir au risque d'être houspillé et battu, car ces messieurs n'entendaient pas qu'on eût l'air d'attenter à ce qu'ils appelaient leurs droits, comme ils ne souffraient pas qu'on leur manquât d'égards [1].

Mais à l'aurore de la Révolution, nos jeunes gens, au lieu de se livrer à des facéties et des bouffonneries, s'occupèrent de choses plus graves.

Prêtant l'oreille à la voix des événements qui, aux approches de 1789, se précipitaient avec un bruit dont le retentissement parvenait jusqu'au moindre village... ils partageaient avec ardeur les aspirations avouées ou secrètes qui se rencontraient alors dans leurs familles et chez la plupart de leurs compatriotes ; ces élans vers un meilleur avenir, ces désirs d'une répartition plus équitable des charges et des avantages publics, ces instincts d'une transformation sociale... Les professeurs n'étaient pas les derniers à les pousser dans cette voie et à entretenir le feu de leurs juvéniles enthousiasmes. Ils lisaient et commentaient en classe les principales brochures où la Révolution était préconisée. Celles qui renfermaient les revendications du Tiers dans la

---

[1] Un jour d'hiver, un nomade avait établi sa baraque sur la place du Marché, en face du Collège. A la sortie des classes, les écoliers accoururent près de la chétive construction. Le pauvre saltimbanque, comptant sur une bonne aubaine, leur fit un boniment merveilleux qu'il termina par « Entrez, messieurs, entrez; c'est quatre sous pour les honnêtes gens et deux seulement pour messieurs les écoliers » — « Messieurs les écoliers ne sont donc pas des honnêtes gens! » — Et se ruant sur la baraque, ils la mirent en piteux état. Plainte du nomade, suivi du payement de 5 livres fait par le principal pour aider à réparer le dommage (V. *Revue Morbihannaise, Les Ecoliers,* juin 1894).

Le professeur d'anglais — Cobbett probablement — s'étant laissé aller un jour à parler dédaigneusement des Bretons, les écoliers en masse, traînant une longue corde, se mirent à le poursuivre à la sortie des classes, criant aux passants intrigués : « Il sera pendu, pendu! » Ils forcèrent même les portes de la halle pour enlever la potence et se dirigèrent vers l'hôtel Lagorce — aujourd'hui l'Ecole d'Artillerie — où logeait le coupable; mais celui-ci parvint à s'enfuir et quitta Vannes pour n'y revenir jamais, à la grande joie de nos lurons qui, on aime à le croire, n'avaient l'intention pour toute vengeance, que de l'effrayer. Dame! il était Anglais et avait mal parlé des Bretons! (V. *Revue Morbihannaise,* juin 1894, et *Georges Cadoudal,* par son neveu G. de Cadoudal, Pièces justificatives, p. 817).

province de Bretagne avaient surtout le privilège d'intéresser leurs jeunes auditeurs et de les passionner au plus haut degré [1].

Aussi, à l'appel de *Moreau*, le prévôt des étudiants de droit de Rennes, une compagnie d'écoliers de Vannes, formée à la hâte sous le commandement de *Georges Cadoudal*, — un des plus ardents partisans de la transformation sociale — s'apprêtait à partir pour appuyer les écoliers de Rennes dans leur lutte contre les gentilshommes qui les provoquaient, quand un arrangement ménagé par le gouverneur de Bretagne, de Thiard, parvint à arrêter l'effusion du sang.

Mais nos jeunes révolutionnaires, voulant témoigner publiquement leur sympathie à la cause que défendait Moreau, lui rédigèrent une adresse contenant à la fois une formule d'adhésion à son projet de fédération et une offre de concours en cas de nouveaux besoins. Cette adresse portait la signature de Cadoudal [2].

L'écolier de Vannes et l'étudiant de Rennes devaient se retrouver un jour, en 1804, avec nombre d'autres complices, sur les bancs de la Cour criminelle de Paris ; le premier, général des chouans du Morbihan, le second, général républicain — célèbre vainqueur de Hohenlinden — tous deux impliqués dans un complot dont le but était de renverser le gouvernement établi, en commençant par un attentat contre la vie du premier consul, *Bonaparte*.

(1) Si ce passage — qui n'est qu'une citation — émanait d'un apologiste de la Révolution, que de gens douteraient de sa véridicité ! Il est textuellement extrait de l'*Histoire de Cadoudal*, par son neveu G. de Cadoudal, ancien conseiller général réactionnaire du Morbihan, ch. I, p. 11.

(2) (Même remarque que dans la note précédente). Quelques mois après, le jeune Georges quittait le Collège de Vannes pour son village natal de Kerléano près d'Auray, mais pas pour s'attacher à la profession de son père (cultivateur). Il alla travailler dans une étude de notaire d'Auray (M⁰ Glain), consacrant le reste de son temps à donner des leçons de latin à de jeunes écoliers, entre autres au fils du citoyen Renaud, ardent patriote alréen ; et le soir, avant de rentrer au domicile paternel, il assistait au club où les bourgeois les plus lettrés se réunissaient pour discuter les questions qui préoccupaient alors si vivement les esprits. — (V. *Histoire de Georges Cadoudal*).

A partir de 1791 [1], et surtout en 1793, alors que la révolte des campagnes contre la République — la **Chouannerie** — ensanglantait le Morbihan, le Collège de Vannes, on le

[1] A l'occasion de l'application de l'article de la constitution civile du clergé, imposant à tous les prêtres l'obligation de prêter le serment, un attroupement de paysans eut lieu au village du Bondon près de Vannes, le 7 février 1791, pour protester contre cette mesure. Il fut présidé par un ancien élève du Collège, Le Godec, alors étudiant en théologie, et quelques grands élèves s'y rendirent. Dans les interrogatoires qu'ils subirent, la plupart ont dit que c'était par curiosité ; mais il n'en était pas de même de tous. Ainsi, Rohu — qui devint plus tard un des lieutenants de Cadoudal — jugea bon de ne pas rentrer à Vannes (voir ses mémoires manuscrits) et ne reparut plus au Collège.
Des troupes appelées de Lorient pour protéger Vannes contre une attaque des campagnes, y entrèrent le 9 (1.200 hommes) comme dans une ville prise d'assaut, se portèrent sur l'évêché — l'évêque Amelot ayant refusé le serment — puis envahirent le Collège. Voici quelques passages d'une longue lettre adressée, le 16 février, à MM. les Administrateurs du district de Vannes, par le sous-principal, l'abbé Grinne, qui donne une idée de ce qui s'y passa et fait prévoir ce qui arriva peu après ; la désertion des élèves des campagnes (comme Rohu, la plupart devinrent chefs de chouans : Guillemot, Leridan, Le Mercier, Botherel, Jean Jan, etc.).

« Au Collège 16 février 1791

» Messieurs,

» Je viens de conférer avec ceux de mes confrères que j'ai trouvés et
» leur ai fait part de vos intentions. Ils ignorent où s'est retiré M. Collet
» qui sera remplacé demain certainement. Ils m'ont assuré avoir fait
» tous leurs efforts pour retenir les écoliers et ils ont réussi à empêcher
» le départ de ceux qui les ont consultés.

» Ayant appris que deux avaient arrêté de partir demain matin, je les
» ai fait avertir de ne pas désemparer sans une permission par écrit de
» quelqu'un de nous. C'est ce que je crois de plus propre à les retenir,
» si vous voulez bien de votre côté recommander fortement à MM. les offi-
» ciers de défendre tous propos menaçants et surtout les voies de fait. Vous
» savez combien la jeunesse est facile à intimider à la vue d'un sabre ; et,
» dans la visite que rendit au collège la troupe, qui intimida notre Evêque
» et le força à s'évader il y aura demain 8 jours, un vieux militaire des
» gardes nationales tira, à deux reprises différentes, son sabre sur un
» régent dans l'exercice de ses fonctions.

» Dimanche dernier, un élève fut pris par les cheveux et enlevé par
» un officier de dragons, en pleine place du Marché, à la vue de tous ses
» camarades rassemblés pour le catéchisme, que M. le Principal jugea
» à propos de renvoyer à un autre jour.

» Je ne garantis que le premier de ces cas de violence, mais l'autre et
» de pareils sont répétés par les écoliers, qui sont excusables d'en être
» effrayés .... »
(District de Vannes. Série L. 1285. — Arch. du département).
Un prêtre de Caudan écrivait dans une relation inédite où il notait chaque jour les événements politiques d'intérêt général et les faits particuliers intéressant la région :
« Le Collège est fermé, les élèves renvoyés, les régents dispersés. Ainsi,
» point de pain pour les malheureux habitants de Vannes, sans autre com-
» merce. » (Affaire du Bondon. — Albert Macé). Vannes, imprimerie Galles.

comprend, se dépeupla ; on en trouve la preuve dans un article du compte rendu du principal, M. Chesnel, à l'administration municipale; il est ainsi libellé : « Du 24 août 1793, prix donnés aux élèves des différentes classes : **12 livres, 10 sols** [1]. »

D'autre part, le Collège avait perdu la plus grande partie de ses biens, par suite de l'art. 5 du décret de la Constituante du 4 août 1789, qui avait aboli les dîmes des collèges. Or, le Collège de Vannes était grand décimateur à Saint-Avé, Arzon, Ambon, Quistinic, Locminé. En 1793, on vendit comme biens nationaux tous ses immeubles ruraux, c'està-dire autres que les bâtiments servant à l'usage de l'établissement, exceptés de la vente par un décret spécial de la Convention, du 10 mars 1793.

Ainsi, le domaine de Lestrénic était adjugé, le 13 juillet, au citoyen Augustin Périer, négociant à Lorient, pour la somme de 40.400 livres; le prieuré d'Ambon, le 16 octobre, au citoyen François Martin, menuisier à Vannes, pour 4.200 livres, et, le 14 décembre, la métairie de Kerné, dépendance du prieuré, au même Martin, pour 7.600 livres.

Le dernier principal fut M. René-François Chesnel [2], qui demeura en fonctions jusqu'au 25 février 1795 — 7 ventôse an III, date du décret de la Convention supprimant, dans toute l'étendue de la République, tous les collèges pour y substituer des Ecoles centrales —; mais il semble que depuis quelque temps ses fonctions se bornaient à la conservation des locaux et du mobilier du Collège, ainsi que de la bibliothèque.

A l'époque du débarquement des émigrés à Quiberon (juin 1795), les bâtiments du Collège furent transformés en casernes pour recevoir une partie de l'armée de Hoche; les cours et dépendances devinrent un parc d'artillerie, les caveaux de la chapelle [3] reçurent un dépôt de poudres. Les

(1) Voir aux archives de la Mairie.
(2) M. Chesnel devint administrateur du département du Morbihan, puis juge au tribunal criminel de Vannes ; il mourut conseiller à la Cour d'appel de Rennes.
(3) La chapelle du Collège était devenue le temple décadaire où se célébraient les mariages civils.

tombeaux qui s'y trouvaient furent ouverts pour y prendre le plomb des châsses afin d'en fabriquer des balles, et malheureusement les ossements qu'ils renfermaient furent jetés dans un coin. — Plus tard, ces restes des P.P. Rigoleuc, Huby, Kerlivio et autres, furent pieusement recueillis. — Hélas ! ce n'était pas la première fois que des sépulcres étaient violés [1] !

Dès son début, la *Révolution* s'était préoccupée d'établir en France, sur un plan rationnel, un enseignement national.

Se conformant à l'esprit de la Déclaration des Droits de l'homme et du citoyen [2], la Constitution de 1791 déclarait : « Il sera créé et organisé une instruction publique, commune à tous les citoyens, gratuite à l'égard des parties de l'enseignement indispensables pour tous les hommes [3]. » Mais ni la Constituante, ni la Législative n'eurent le temps de rien fonder à cet égard. Il était réservé à la terrible *Convention* de créer cet enseignement public national. Sur le rapport du député *Lakanal* [4], qui avait pour devise : « Un peuple ignorant ne peut être libre, » elle vota, le 27 brumaire an III (17 no-

[1] En 1709, par exemple, Louis XIV conseillé par son confesseur jésuite, le P. Le Tellier, fit raser l'abbaye de Port-Royal, couvent de Jansénistes, antagonistes de la Compagnie ; on déterra les morts du cimetière, on jeta en tas, avec les décombres, les cadavres et les ossements qu'aucunes mains pieuses n'osèrent recueillir, et dont les chiens se disputèrent les débris !... Et les violateurs d'alors n'étaient pas, eux, poussés par la nécessité de chercher du plomb pour en faire des balles, afin de repousser l'invasion étrangère !
[2] Cette page de raison et de justice « la plus grande — a dit le célèbre philosophe Victor Cousin — la plus sainte et la plus bienfaisante qui ait paru depuis l'Evangile. »
[3] Cette dernière partie du décret de la Constituante n'a obtenu sa solution que de nos jours (Loi du 28 mars 1882).
[4] Lakanal, né dans un village de l'Ariège, ancien frère de la Doctrine chrétienne, était professeur de philosophie au collège de Moulins lorsqu'il fut nommé à la Convention, il fut un des fondateurs de l'Institut dont il fit partie dès l'origine ; exilé en 1816, il rentra en France en 1833. Il a laissé un « Exposé de ses travaux pour sauver pendant la Révolution les sciences, les lettres et ceux qui les honoraient de leurs œuvres. »

4

vembre 1794), une loi qui divisait l'enseignement en primaire, secondaire et supérieur [1].

Le décret du 7 ventôse an III (25 février 1795) dont on a déjà parlé, substituait aux anciens collèges, pour l'enseignement secondaire, les **Ecoles centrales** des sciences, lettres et arts, et celui du 3 brumaire an IV (25 octobre 1795) fixait qu'il y en aurait une par département. Celle du Morbihan fut établie dans les bâtiments du Collège de Vannes, dont l'Etat s'empara comme bien national.

Elle fut inaugurée avec pompe, le 10 frimaire an VI (30 novembre 1797) [2].

La surveillance de ces écoles était confiée aux autorités départementales, et la nomination des professeurs à un jury d'hommes d'élite qui chargea des savants, des membres de l'Institut — entre autres, Gail, professeur au Collège de France, Champagne, ancien principal de Louis-le-Grand, membre de l'Institut, etc. — de lui signaler et recruter des maîtres de valeur.

Ces professeurs recevaient, outre un traitement de 2.000 francs, un logement dans les dépendances de l'ancien Collège; ils étaient au nombre de dix; on compte parmi eux trois Vannetais : le docteur *Aubry*, d'histoire naturelle, qui transforma le jardin du Collège en Jardin des plantes, écrivit le premier une Flore morbihannaise, et collabora à la « Flore

---

[1] Dans cet ordre d'enseignement supérieur, la Convention a créé l'Ecole normale supérieure, l'Ecole polytechnique, l'Ecole des langues orientales, le Muséum d'Histoire naturelle, le Bureau des longitudes, le Conservatoire des arts et métiers, le Conservatoire national de musique, enfin l'Institut.

[2] Une grande proclamation-affiche contenant le programme de l'inauguration fut apposée sur les murs de la ville ; on y lisait : « Une place » distinguée sera réservée aux vieillards et aux pères et mères de famille ; » les jeunes citoyennes sont particulièrement invitées à venir embellir » cette fête par leur présence.

» ...L'entrée du cortège à la salle de l'Ecole centrale sera annoncée par » une salve d'artillerie et l'orchestre jouera l'air :

Où peut-on être mieux... »

(*Monographie du Collège de Vannes*. A. Mauricet)

française » du célèbre botaniste Candolle; *Jamet* [1], de dessin, greffier du tribunal civil, « artiste, homme de goût, » et *Géanno* — déjà cité — de langues anciennes. A noter aussi *Barbe*, professeur de législation, un Morbihannais, ancien principal du Collège de Rennes, et *David*, ex-prieur des Carmes de Josselin, conservateur de la bibliothèque.

Mais ces Ecoles centrales eurent peu de succès; celle du Morbihan s'était ouverte avec 163 élèves; en l'an VII, les trois sections réunies ne comptaient plus que 131 élèves, et en l'an VIII, rien que 68.

La loi du 11 floréal an X (1ᵉʳ mai 1802) les supprima; elles devaient être remplacées par des écoles secondaires [2], dont quelques-unes furent plus tard transformées en Lycées nationaux [3].

Un arrêté des Consuls, du 24 vendémiaire an XI (16 octobre 1802), ordonna que l'Ecole centrale du Morbihan serait fermée à dater du 1ᵉʳ messidor (20 juin 1803).

(1) M. Jamet fut l'oncle du célèbre homme d'Etat, Adolphe Billaut, né à Vannes le 22 brumaire an XIV (13 novembre 1805), qui fut élève au Collège en 1815-1816. Après la fermeture de l'Ecole centrale, M. Jamet demeura professeur de dessin au Collège réorganisé et ne se retira qu'en 1831. Il considérait sans doute le poste qu'il occupa si longtemps comme une charge, un office, un bénéfice à vie ; quand il se sentit trop âgé pour continuer ses cours, il céda sa place à un jeune peintre, M. Le Blanc — qu'il se chargeait de faire agréer par l'autorité — mais en lui imposant, par acte sous seings privés où nous relevons ce passage : « Comme *il est d'usage* de voir les fonctionnaires qui ne doivent s'attendre, malgré leur » long service, à une pension de retraite, prendre des arrangements parti- » culiers avec ceux qui leur succèdent, » l'obligation de lui compter, sa vie durant, la moitié de ses émoluments, et, lors de son décès, le quart à sa veuve.

Un des exemplaires de cet acte étrange, que nous croyons devoir signaler ici comme une marque des mœurs de l'époque, est aux mains du professeur actuel de dessin du Collège, M. Rousseau, qui l'a découvert dans les papiers de son prédécesseur, Le Blanc.

(2) Un arrêté des Consuls, du 30 vendémiaire, érigea en écoles secondaires 1° à Vannes, l'école du citoyen Géanno — qui, tout en professant à l'Ecole centrale, tenait une école particulière, — 2° à Pontivy, l'école du citoyen Pujet ; 3° à Josselin, l'école du citoyen Quéraud.

(3) L'école secondaire de Pontivy fut transformée, par arrêté du premier Consul, en date du 1ᵉʳ vendémiaire an XII (24 septembre 1803), en un lycée établi dans l'ancien couvent des Ursulines que le gouvernement consulaire accorda à la ville.

CHAPITRE IV

LE COLLÈGE ÉTABLISSEMENT UNIVERSITAIRE

Dès que le maire de Vannes, M. *Laumailler*, eut connaissance de la suppression de l'Ecole centrale, il songea à en profiter pour réorganiser le Collège et faire jouir la ville de tous les avantages qu'elle en retirait avant la Révolution ; aussi, dans sa séance du 15 pluviôse an XI (13 février 1803), le conseil municipal émit le vœu d' « y former un établissement qui offre toutes les facilités possibles à l'enseignement et puisse, par ses ressources particulières, fixer l'attention et mériter la confiance des parents jaloux de l'éducation de leurs enfants [1]. »

---

[1] Lettre du maire de Vannes au préfet du Morbihan.
Nous relevons en outre dans cette lettre les passages suivants :
« Pour cet effet, je vous prie de vouloir bien remettre à ma disposition
» et surveillance pour le premier du mois prochain : 1° le cabinet de phy-
» sique; 2° la collection des objets d'histoire naturelle; 3° les bancs, tables,
» gravures et autres objets de dessin qui sont actuellement à l'Ecole
» centrale et dont il sera fait inventaire, l'intention du conseil municipal
» étant d'établir à son école un professeur de physique et un de dessin.
» Vous sentez, citoyen Préfet, que l'on ne peut trop tôt inculquer les
» principes de ces sciences et arts dans l'esprit des jeunes gens et que
» cependant, si ces collections n'étaient pas affectées à l'école secondaire
» du chef-lieu de ce département, vos administrés seraient entièrement
» privés de toute espèce de ressources en ce genre.
» D'ailleurs, je vous prie de remarquer que, depuis la Révolution, il
» existe une indifférence sur l'éducation de la jeunesse, telle que l'on ne
» pourrait s'empêcher de la blâmer, si elle n'avait pour cause un dégoût
» occasionné par tous les changements, les variations de principes qui
» ont eu lieu depuis dix ans ; mais à présent que tout prend un aspect
» stable, il me paraîtrait facile de raviver le désir qu'ont tous les pères de
» procurer une instruction convenable à leurs enfants ; et un de ces
» grands stimulants serait sans contredit un établissement en grand.
» D'après ces considérations, je vous prie de concourir à sa formation ;
» le service que vous rendrez ne sera pas particulier à la ville de Vannes,
» il sera commun à tout le département que vous administrez en lui con-
» servant les seules collections en ce genre qui y existent. »

Ce vœu, transmis au préfet, fut entendu. Un décret spécial du premier Consul, en date du 23 floréal an XI (13 mai 1803), arrête :

« **Art. 1ᵉʳ**. La commune de Vannes, département du Mor-
» bihan, est autorisée à établir une *école secondaire* dans le
» bâtiment de l'Ecole centrale, qui lui est concédé à cet effet,
» à la charge par la dite commune de remplir les conditions
» prescrites par l'arrêté du 30 frimaire an XI. »

Mais, à part les bâtiments accordés, tout était à recréer. En attendant le résultat des efforts faits dans ce but par la municipalité, et pour qu'il n'y eût pas d'interruption dans les études — après la clôture de l'Ecole centrale — les professeurs Géanno et Jamet proposèrent de continuer gratuitement leurs leçons, si l'on voulait laisser à leur disposition les locaux nécessaires. A la demande de la municipalité de Vannes, le général Jullien, préfet du Morbihan, prit l'arrêté suivant :

« **Art. 1ᵉʳ**. Les citoyens Jamet, professeur de dessin, et
» Géanno, professeur de langues anciennes à l'Ecole centrale,
» pourront continuer leurs leçons à la clôture de cette école,
» autant de temps qu'ils le jugeront à propos.

« **Art. 3**. Ils jouiront des locaux déjà occupés par leurs
» classes et de tous autres, s'il en était besoin, sous l'auto-
» risation néanmoins de la municipalité, **seule propriétaire**
» **des bâtiments de l'école, d'après la concession qui lui en**
» **a été faite par le gouvernement**. »

« **Art. 6**. Expéditions du présent seront remises au maire
» de Vannes, ainsi qu'aux citoyens Jamet et Géanno, comme
» un témoignage de la satisfaction du préfet pour leur géné-
» reux dévouement [1]. »

Pendant cet intervalle, la municipalité, désireuse de relever au plus tôt son ancien Collège et d'offrir aux pères de famille un établissement digne de donner une bonne éducation à la jeunesse, s'ingénia à créer des ressources pour l'entretien

[1] *Origines historiques de la ville de Vannes*, A. Lallemand.

d'un personnel capable, en attirant les enfants des communes du département.

La fortune de l'ancien Collège ayant disparu [1] et les finances de la ville étant obérées, on décida d'établir une rétribution scolaire de 36 livres par an pour les classes inférieures et de 54 livres pour les classes supérieures; mais cette rétribution serait abaissée à 24 livres pour les élèves des communes qui voudraient s'associer à l'œuvre en payant, suivant leur importance, un abonnement annuel de 50, 75 ou 100 livres; et l'on faisait entrevoir que, si les souscriptions des communes suffisaient pour faire face aux dépenses, les élèves seraient instruits gratuitement. Les enfants de la commune de Vannes étaient exempts de toute rétribution, en considération du secours (1.500 livres) que la ville accordait à l'établissement [2].

Le 26 vendémiaire an XII (19 octobre 1803), M. Laumailler, maire de Vannes, lança une circulaire-prospectus annonçant la réouverture du Collège, sous la dénomination de « Ecole secondaire communale de Vannes, » et les conditions d'admission des élèves.

Cette circulaire, beaucoup trop longue pour être reproduite ici, faisait ressortir « l'air pur que l'on respire à Vannes, la salubrité de la température, la bonne qualité et l'abondance

---

(1) Il n'en restait que deux dépendances : les édifices de la maison de la Retraite, et la maison dite Gandonnière, partie des constructions commencées en 1787, en bordure de la place, pour servir de pensionnat au Collège de la marine. Ces immeubles fort délabrés, loués à des particuliers, rapportaient de 1.100 à 1.200 fr.

(2) L'administration départementale n'accordait guère de confiance à ce projet, ainsi que le fait sentir la lettre suivante du secrétaire général, Boullé, annonçant au maire de Vannes l'envoi de son plan au conseiller d'Etat Fourcroy, chargé des affaires de l'instruction publique :

« Je ne vous ferai point de nouvelles observations sur un plan que vous
» avez suffisamment réfléchi. Je suis cependant mortifié que vous présen-
» tiez comme probable une association de cinquante communes, que je
» regarde comme très incertaine et qui n'annonce que des apparences
» sans réalité. On y sera trompé à Paris et l'on croira l'Ecole richement
» fondée tandis qu'elle ne s'établira peut-être pas faute de fonds. Au reste,
» puisque vous vous en rapportez à la Providence, je dois aussi y mettre
» ma confiance. »

Lettre du 10 fructidor an XI, 7 septembre 1803. Aux archives de la Mairie.

de tous les comestibles qu'on y consomme, etc.; la belle bibliothèque du Collège, composée de plus de quatre mille volumes d'ouvrages choisis, un cabinet de physique bien assorti, quelques sujets d'histoire naturelle et une collection complète de modèles pour le dessin.

En un mot, tout fait espérer que le Collège de Vannes reprendra la célébrité qu'il avait acquise avant la Révolution [1]. »

Cette circulaire du maire de Vannes avait été devancée par une lettre du nouvel évêque de Vannes, *Mayneau-Pancemont*, au clergé et aux fidèles du diocèse — datée du 19 vendémiaire (12 octobre 1803) — pour leur annoncer le rétablissement du Collège et les engager à y envoyer des élèves [2].

Enfin, *l'ouverture de l'Ecole secondaire communale de Vannes*, dans les bâtiments de l'ancien Collège, eut lieu le 15 brumaire an XII (7 novembre 1803). Le bureau d'administration [3] nommé par le premier Consul (arrêté daté de Saint-Cloud, 19 vendémiaire an XII (12 octobre 1803) avait désigné le personnel qui fut nommé définitivement par arrêté du Ministre de l'intérieur du 13 nivôse (4 janvier 1804).

On y retrouve d'anciennes connaissances : Pasco, Géanno, Barbe, Jamet, David.

Voici le tableau de ce personnel :

Le citoyen Pasco [4], curé de Saint-Patern, directeur;

---

(1) Voir *Monographie du Collège de Vannes*, Alp. Mauricet.
(2) Nous détachons de cette lettre pastorale, le paragraphe suivant :
« Pour mettre à exécution ce plan d'études, nous vous présentons des
» maîtres habiles et vertueux qui s'acquitteront des nobles fonctions de
» leur profession avec le zèle, l'intelligence et l'exactitude qu'elles exigent;
» des maîtres d'un caractère aimable, qui se montreront les pères de vos
» enfants en les conduisant par la douceur et la raison ; des maîtres infi-
» niment jaloux de l'avancement de leurs élèves dans les études, qui
» regarderont comme leur premier devoir celui d'animer, d'encourager la
» jeunesse au travail, et de souffler par tous les moyens possibles le feu
» de l'émulation. Tel est le point essentiel, et je dirai tout le secret de
» l'éducation... »
(3) C'est dans le registre des délibérations de ce bureau qu'ont été puisés nombre des faits qui seront produits ci-après surtout sur les périodes de l'Empire et de la Restauration (Voir aux archives du Collège).
(4) Ancien professeur du Collège en 1762 et ancien principal de 1772 à 1785.

Les citoyens Barbe, professeur de physique et de mathématiques transcendantes;

Le Bart, professeur de logique et de mathématiques élémentaires;

Géanno, professeur de rhétorique et d'humanités;

Gayet, professeur de 3ᵉ et de 4ᵉ;

Picot, — de 5ᵉ et de 6ᵉ;

Jamet, — de dessin;

David, bibliothécaire [1];

presque tous des laïques.

Dès cette première année, le nombre des élèves fut de 150 [2]; mais, la plus grande partie, de Vannes [3] : les autres points du diocèse avaient peu donné, malgré un nouvel appel fait par une lettre (2 février 1804) adressé par M. Pasco à ses confrères les curés du diocèse pour les engager à faire souscrire des abonnements. Aussi, les rétributions furent si peu importantes qu'on n'eut pas de quoi payer les régents qui, le 17 juillet 1804, se trouvaient contraints d'écrire aux administrateurs :

« L'expérience seule du 1ᵉʳ trimestre nous avait démontré
» que les recettes de cette école étaient infiniment au-dessous
» de ses dépenses, et, dès le mois de nivôse, nous étions
» pleinement convaincus que les rétributions des élèves ne
» pourraient suffire pour le traitement des professeurs. Ce-
» pendant, pour qu'on n'eût pas à nous reprocher d'avoir
» précipité, en nous retirant, la chute d'un établissement utile
» et même nécessaire, auquel le temps pouvait procurer de
» nouvelles ressources, nous avons, contre toute espérance,
» continué nos leçons avec le même zèle et la même exacti-

---

(1) Il devait en outre suppléer les professeurs, en cas de besoin.

(2) Lettre de M. Géanno à MM. Huchet et Faverot, membres de l'administration de l'École secondaire de Vannes (3 thermidor an XII). *Monographie du Collège de Vannes*, Alp. Mauricet.

(3) Il y avait à Vannes nombre d'écoles particulières (12) qui donnaient l'instruction à plus de 350 enfants, entre autres l'École secondaire que dirigeait M. Géanno tout en professant à l'École secondaire communale (50 élèves, dont les plus avancés suivaient les classes du Collège). Rapport de M. Mahé « de Villeneuve, » maire de Vannes, du dernier complémentaire an XIII (Même Monographie).

LE PRINCIPAL, GÉANNO

HISTOIRE DU COLLÈGE DE VANNES.   57

» tude que le premier jour. Neuf mois se sont écoulés et les
» ressources, au lieu d'augmenter comme on l'espérait, ne
» font que diminuer. Chacun de nous a reçu 400 fr. pour tout
» traitement; encore a-t-il fallu, pour nous procurer cette mo-
» dique somme, que M. le Directeur eût la délicatesse de s'ou-
» blier lui-même dans la répartition des fonds qu'il avait
» entre les mains. Nous nous abstiendrons de toute réflexion
» sur la modicité d'un tel traitement...... »

A la fin de l'année scolaire (1804), le directeur n'avait en caisse que 57 fr. et il était dû 4,400 fr. aux professeurs.

La déception prévue par le secrétaire général, Boullé, s'était réalisée; mais la confiance que le maire avait eu dans la Providence ne fut cependant pas trompée.

M. Pasco donna sa démission de directeur de l'école, le 24 septembre 1804; il fut remplacé par M. *Géanno* qui fut nommé par le Gouvernement, le 23 octobre suivant.

Un nouveau règlement fut élaboré par le Bureau d'administration : le taux d'abonnement des communes, modifié; le nombre des régents, réduit à 5 [1]; la classe de mathématiques transcendantes, supprimée; M. Géanno cumulant les fonctions de directeur et de professeur de rhétorique. Et, grâce à son zèle, à son activité et à son dévouement — qu'imitèrent ses collaborateurs — et que la municipalité appuya par une allocation de 5,400 fr. [2], le Collège vit peu à peu renaître son ancienne prospérité.

Le budget [3] de 1804 portait en recettes 3.683 livres; en 1805, grâce à la dotation municipale de 5,400 fr. que le maire M. Laumailler fit voter pour soutenir l'Ecole qu'il avait tant participé à fonder, les recettes montaient à 9.305 fr.; en 1806,

---

(1) Il sera successivement rétabli et augmenté ; en 1814, il y avait 10 professeurs.

(2) Elle fut réduite en 1809 à 3.000 fr.; en 1810, à 2.200 et en 1812, à 883 fr.; en décroissance avec le chiffre des recettes scolaires. Et cependant le Collège donnait gratuitement l'enseignement à plus de 100 enfants de Vannes dont il payait même la rétribution universitaire, et était pour la ville une cause de profits par le grand nombre d'élèves étrangers qu'il y attirait.

(3) Voir Registre des délibérations du Bureau d'administration, aux archives du Collège.

à 12.888 fr. qui donnèrent un boni de 4.150 fr. sur lequel le directeur put compter aux professeurs une forte partie de l'arriéré de l'an XII; en 1807, à 16.917 fr.; en 1808, à 19.926 fr. — boni de 6.977 fr. sur lequel fut soldé l'arriéré dû aux régents; — en 1809, 19.683 fr. (la ville ayant réduit sa dotation à 3.000 fr.); en 1810, 21.831 fr. malgré la réduction de la dotation à 2.200 fr.; en 1811, à 23.575 fr.; en 1812, à 22.421 fr. (réduction de la dotation à 883 fr.); en 1813, à 22.796 fr.; en 1814, à 21.952 fr.

Cette marche ascendante du chiffre des recettes était évidemment parallèle à l'augmentation du chiffre des élèves; mais le registre des inscriptions ayant disparu en 1815, il est impossible d'en donner le nombre exact; les uns le portent à 500, d'autres de 750 à 800 dont 500 avaient dépassé 10 ans [1]. Ce qui est certain, c'est qu'en 1807-1808, il n'était que de 356 [2]. Une simple proportion entre les recettes de 1808 et celles de 1811 permettrait d'obtenir un nombre approché d'élèves payants — les enfants de Vannes étant inscrit gratuitement — encore faudrait-il tenir compte des variations de la dotation municipale et surtout du montant total de la rétribution universitaire — d'abord de 24 fr. puis de 15 — imposée par l'État sur tous les élèves à partir de 1808.

Dès cette année 1808, le directeur de l'École et les régents avaient été appelés à faire partie de l'**Université Impériale** [3] et astreints à contracter les obligations imposées à ses membres, et, en février 1810, l'École secondaire communale de Vannes fut reconnue par le Grand Maître de l'Université, Fontanes, *Collège de plein exercice*. Le cercle des études y était complet, chaque classe ayant son professeur; ces professeurs étaient au nombre de 10, parmi lesquels M. *Caro*, le père du célèbre écrivain et philosophe, et l'abbé *Mahé* historien, archéologue.

---

(1) Voir *Le Collège de Vannes en 1812. Souvenirs d'un vieux collégien*, par le docteur Jean-Joseph Mauricet (Galles, Imprimeur à Vannes, 1876).
(2) Voir Registre des délibérations du Bureau d'administration. Séance du 22 décembre 1808.
(3) « Grand corps laïque qui n'étant pas comme les corporations religieuses séparé du siècle, élèvera les enfants en vue de la société où ils devront entrer un jour. » (Décret du 17 mars 1808).

La renommée du Collège devint telle que le Gouvernement songea à le transformer en lycée, ainsi que le constate la lettre suivante que M. Germé, recteur de l'Académie de Rennes, écrivait à M. le Préfet du Morbihan, le 6 février 1812 :

« En exécution des articles 1 et 2 du décret impérial du
» 15 novembre, je dois faire connaître au Grand Maître de
» l'Université quels sont dans l'arrondissement de l'Académie
» de Rennes les collèges qui peuvent être le plus facilement
» érigés en lycées, d'après les bases établies dans ce décret.
   « *Si la prospérité des études et le grand nombre des élèves*
» *suffisaient pour obtenir cette faveur, aucun collège n'y*
» *aurait plus de droit que celui de Vannes ;* mais il faut de
» plus que les villes où sont situés les collèges présentent des
» ressources suffisantes pour fournir le mobilier du pen-
» sionnat; pour mettre les bâtiments en état de recevoir au
» moins 200 pensionnaires sans compter le logement du pro-
» viseur, du censeur et des professeurs non mariés. Je vous
» prie donc, Monsieur le Comte (Préfet), de vouloir bien me
» faire connaître s'il peut y avoir lieu à ce que le conseil
» municipal s'assemble pour émettre son vœu sur l'érection
» du Collège de Vannes en lycée................ (1). »

L'administration municipale refusa, alléguant de l'état des finances de la ville.

Mais il est plus que probable que, fière de son Collège qui ne lui coûtait presque rien, où les enfants de la ville recevaient l'éducation pour rien, sur la direction duquel elle avait la haute main, dont le Bureau d'administration choisissait les professeurs parmi les hommes connus et appréciés des autorités locales et que le Conseil supérieur de l'Université nommait ensuite généralement [2], craignant en outre de le

(1) Voir *Monographie du Collège de Vannes*, Alp. Mauricet.
(2) L'année précédente, en 1811, 3 chaires devenant vacantes à la rentrée des classes, le Bureau d'administration avait fait ses choix et ses propositions qu'il renouvela dans sa séance du 3 septembre. N'ayant pas reçu de réponse, il crut ses propositions acceptées et, dès le commencement d'octobre, installa les professeurs qu'il avait désignés. Le 12 novembre, il reçut la nomination de professeurs étrangers, à lui inconnus, faite par le Grand-Maître. Réunion du Bureau (16 novembre), présidée par le général Jullien, conseiller d'Etat, préfet du Morbihan, comte de l'Empire, pour

voir déchoir — car les lycées n'ayant pas obtenu la confiance des familles n'avaient guère réussi [1], — elle rejeta la proposition comme indigne de son Collège que l'on qualifiait alors de *Grand Collège de Vannes* [2].

Le Collège ne lui coûtait rien, ou si peu (une subvention de 880 fr.), que l'on peut dire qu'il se suffisait à lui-même; non seulement il faisait les traitements de tous les professeurs et employés, entretenait les immeubles et le mobilier, donnait gratuitement l'instruction à 100 ou 150 enfants de Vannes dont il payait même à l'Etat la rétribution universitaire, était une source de profits pour la ville par le grand nombre d'élèves qu'il y attirait; mais se créait un capital : ainsi, il avait en caisse, en 1814, un boni de 5.770 fr.

D'où venait cette prospérité du Collège, alors que le lycée de Pontivy, qui avait presque toutes les faveurs de l'Etat, n'était guère suivi?

D'abord, de l'excellent administrateur, M. Géanno, qui était à sa tête; de ses savants, dévoués et dignes coopérateurs; mais encore du discrédit dont étaient frappés, en Bretagne, les lycées impériaux, et surtout de ce que le Collège de Vannes étant considéré par l'autorité diocésaine comme un petit séminaire, les grands élèves qui se destinaient aux ordres étant exemptés du service militaire. Si le lycée était regardé comme une annexe préparatoire à la caserne, le Collège était considéré comme le vestibule du grand séminaire.

Cependant les professeurs ne laissaient pas de faire de leurs

rédiger à l'adresse de S. E. une protestation — dont les considérants nettement motivés sont trop longs pour être reproduits ici — suivie d'un arrêté par lequel le Bureau persiste à maintenir les professeurs installés. L'Université céda et confirma les nominations faites par l'administration locale.

(1) Voir Rapport de Fourcroy à l'Empereur (fructidor an XIII) après 4 mois d'inspection dans les lycées. « En général, le tambour, l'exercice et la discipline militaire empêchent les parents, dans le plus grand nombre de villes, de mettre leurs enfants au lycée... On profite de cette mesure pour persuader aux parents que l'Empereur ne veut faire que des soldats. » *Ambroise Rendu et l'Université de France*, par Eugène Rendu (1861).

(2) Voir *Épisode de 1815. Souvenirs d'un écolier*, Bainvel, curé d. Sèvres (1846).

élèves des patriotes [1] : Ainsi, le docteur Mauricet père, parlant dans ses *Souvenirs d'un vieux collégien* de l'annonce, aux élèves réunis dans la grande cour du Collège, des victoires de Lutzen et de Bautzen en 1813 — bonne nouvelle accueillie par les cris de Vive l'Empereur ! et un formidable hourra — ajoute : « Je me vois encore près de Le Port — un
» de ses condisciples, plus tard abbé de la Trappe de Belle-
» Fontaine — dont la voix mêlée à celle des Grands s'exhalait
» en accents chaleureux et patriotiques. Certes, si un officier
» supérieur se fût présenté alors au Collège de Vannes, et
» eût fait appel au courage des écoliers, je ne doute pas qu'il
» n'eût entraîné à sa suite plus de 400 soldats vigoureux,
» pleins d'élan et pourvus d'instruction. Il aurait bien pu se
» faire qu'avant de franchir les limites du département cette
» petite troupe eût été diminuée par les pleurs des mères et
» par les remontrances des pères, presque tous vieux soldats
» de Georges et de Guillemot [2]. »

Hélas! c'est ce qui arriva, en 1815, pendant les Cent-Jours où les *Ecoliers de Vannes* prirent les armes pour combattre avec leurs pères, réfractaires et chouans, le retour de l'« *Usurpateur*. »

Les plus grands, les paysans principalement, après la chute de *Napoléon*, du conquérant exterminateur d'hommes, surtout du *persécuteur du pape*, avaient salué avec enthousiasme la *Restauration des Bourbons* (1814).

Paix! Liberté! Le dilemme, prêtre ou soldat, cessait de leur être posé ! « Tout le Collège se réveilla royaliste [3]. »

Profitant de la visite du *duc d'Angoulême* au Collège les écoliers, tenant à paraître, et à paraître dignement, s'organisèrent quasi-militairement [4]; ils se donnèrent un drapeau de

---

[1] « Que dire de l'esprit politique du collège? Pendant le régime impérial, tout le monde se taisait et pour cause; on célébrait même, en vers et en prose, les triomphes et la gloire de Napoléon... » *Souvenirs d'un écolier*, Bainvel, curé de Sèvres.
[2] *Le Collège de Vannes. Souvenirs d'un vieux collégien*, D' J.-J. Mauricet.
[3] Bainvel, curé de Sèvres, *Souvenirs d'un écolier*.
[4] Ils semblaient si bien être un bataillon que — je me le suis laissé dire quand j'étais enfant, par un ancien élève — le duc, qui n'était guère au courant de ce qu'était un collège, heureux de leurs chaleureux vivats ! au milieu desquels les cris : Congé! congé! s'écria : « Qu'on leur donne un trimestre !... » Le bon prince n'avait pas, dit-on, inventé la poudre.

satin blanc frangé d'or fin, portant pour devise : « *Pro Deo et Rege* » *Pour Dieu et le Roi*. Chaque classe formait une compagnie avec guidon; les officiers et les sous-officiers élus parmi les plus capables et les plus dignes. Pendant le reste de l'année, ils paradèrent ainsi dans toutes les manifestations royalistes; même à l'annonce de tentatives contre-légitimistes, ils demandèrent au Préfet, le comte de Floirac, à être équipés et armés pour défendre la bonne cause (1).

Le retour de l'Ile d'Elbe les exaspéra; car — dit *Brizeux* dans son poème « Les Ecoliers de Vannes » où il a chanté les exploits et peint la bravoure de ceux que l'année suivante il eut pour condisciples (2) —

« Car, celui dont les mains étaient pleines de guerre,
» De son île arrivait pour ébranler la terre.
» Or, chez nous mille voix crièrent : « C'est assez !
» Nos parents, nos amis sont déjà trépassés ;
» Leurs os semés partout feraient une montagne ;
» Nous, puisqu'il faut mourir, nous mourrons en Bretagne. »

Dès les premiers moments, des conciliabules furent tenus et, à la suite de serments solennellement prêtés, l'insurrection fut résolue, la résistance décidée.

« Sortez de vos dolmens, nos pères les Venètes,
» Ombres qui gémissez encor sur vos défaites !
» O pères, voici notre jour :
» Combattez avec nous, César est de retour ! »

Pour se procurer des armes, ils employèrent parfois la ruse, mais le plus souvent chacun sacrifia tout ce qu'il pouvait posséder pour acquérir poudre et fusil; puis, après avoir suivi avec attention les manœuvres des troupes de la garnison, ils s'exerçaient entre eux dans leurs chambrées.

« Ils n'avaient plus qu'un choix, ces fils de paysans :
» Ou prêtres ou soldats — ils se sont faits chouans (3). »

---

(1) Pour bien connaître cet épisode de l'histoire du Collège, lire : *Souvenirs d'un écolier*, par Bahuvel. — *Souvenirs d'un vieux collégien*, par Mauricet. — *La Petite Chouannerie*, par A.-F. Rio.
(2) « Vannes aussi m'a nourri, mon nom est sur ses bancs. » (Brizeux, *Les Ecoliers de Vannes*) (Brizeux, né à Lorient le 12 septembre 1803; au Collège de Vannes de 1810 à 1819; mort à Montpellier, le 3 mai 1858).
(3) Toutes ces citations poétiques sont tirées du poème de Brizeux : *Les Ecoliers de Vannes*.

La police cependant les surveillait, car ils avaient d'abord commis quelques algarades, sévèrement, brutalement même réprimées; mais, avertis, avec une prudence et une discrétion remarquables pour leur âge, ils déjouèrent tout.

Enfin, le mercredi 24 mai 1815 — veille du jour de congé du jeudi — ils s'esquivèrent clandestinement à la faveur de la nuit (1), en petits groupes ou isolément, par des routes différentes et se rallièrent près d'un château voisin où ils arborèrent leur drapeau blanc;

> « Ces enfants accablés du poids de leurs fusils,
> » Ils partirent trois cents.................. »

puis sous les ordres d'un ancien chef vendéen, M. de Margadel, ils allèrent se joindre à leurs parents révoltés, anciens chouans, avec lesquels ils prirent part à cette lutte fratricide, antipatriotique puisqu'ils sollicitèrent et obtinrent le secours de l'Angleterre, l'éternelle ennemie de la France! La guerre civile a dit M. de Cadoudal — qui s'y connaissait — a le triste privilège d'éteindre au fond du cœur tous les sentiments nationaux (2).

Si leurs professeurs au Collège leur avaient parlé de Patrie, le clergé des paroisses avait excité, chez ces enfants qui « avaient sucé le lait sanglant de la guerre civile (3), » le fanatisme religieux. L'historien Rio — un des élèves, qui fut un de leurs officiers — le fait sentir dans son histoire de la « Petite Chouannerie » : « Si nos ennemis avaient été dans
» l'habitude de fréquenter les églises, ils en auraient vu assez
» pour soupçonner que quelque chose d'extraordinaire se
» passait, mettait toutes ces jeunes consciences en émoi. Les
» confessionnaux étaient obsédés comme aux approches d'une
» première communion (4). »

Ils participèrent donc — parfois avec succès, toujours avec

---

(1) Ne pas oublier que tous les élèves étaient externes.
(2) Voir *Histoire de Georges Cadoudal*, par son neveu M. de Cadoudal, ouvrage déjà cité.
(3) Expression tirée de Jules Simon, *Trois condamnés à mort*.
(4) *La petite Chouannerie. Histoire d'un Collège breton pendant les Cent-Jours*, par A. F. Rio, p. 83.

une intrépidité rare [1] — à cette guerre civile qui força Napoléon à détacher en Bretagne plusieurs divisions dont la présence dans la campagne de Belgique aurait pu épargner à la France le désastre de *Waterloo*.

> « .... Les noirs oiseaux du Nord
> » Volèrent par milliers autour de l'aigle mort ;
> » Les corbeaux insultaient à cette grande proie,
> » Et dépeçaient sa chair avec des cris de joie ! »

Eux ne virent dans cette défaite, dans ce désastre, que la chute définitive d'un homme abhorré; ils n'entendirent pas le râle désespéré de la Patrie !

Brizeux, qui a loué leur bravoure ne les aurait cependant pas suivis; aussi, dans le poëme où il glorifie leur valeur, s'écrie-t-il :

> « O Reine des Bretons, Liberté douce et fière,
> » As-tu donc sous le ciel une double bannière ?
> » En ces temps orageux, j'aurais suivi tes pas,
> » Où Cambronne mourait et ne se rendait pas ! »

Cette équipée chevaleresque assurément, qui fut si glorifiée alors [2] on le comprend, fut la première cause de la décadence du **Grand Collège de Vannes**.

Nombre de mères ne songèrent pas sans effroi à cette liberté que l'externat donnait à une ardente jeunesse toute disposée à prendre les armes; nombre de pères se dirent aussi qu'au milieu de cette effervescence, pendant que les élèves jouaient aux conspirateurs, les études ne devaient pas être très florissantes.

A la rentrée d'octobre 1815, plus de cent élèves quittèrent

---

[1] « Ah ! lui-même, César, bon juge en grand courage,
 » Saluerait, jeunes gens, tant de force à votre âge ;
 » Lui qui, parlant aussi de vos pères chouans,
 » Appelaient leurs combats *la guerre des géants*... » (Brizeux).

[2] « Pendant les Cent-Jours, dans la terre du royalisme, apparaît une
» armée d'enfants : les vieux avaient vingt ans ; les jeunes en avaient
» quinze. Tout ce qui se trouvait entre ces deux âges, parmi les élèves du
» Collège de Vannes, échangea ce qu'on peut posséder au collège de
» quelque valeur, contre des armes, et courut au combat. Quinze ou vingt
» élèves furent tués : les mères apprirent le danger en apprenant la mort
» et la gloire. » (Chateaubriand).

le Collège : le registre d'inscription n'en compte plus que 335 [1].

En outre le nouvel évêque de Vannes, Mgr de Beausset venait de fonder, à Sainte-Anne, un petit séminaire [2] dont il confia la direction aux P.P. Jésuites qui réapparaissaient en France avec les Bourbons. — Les grands élèves du Collège, qui pour la plupart se destinaient à l'état ecclésiastique, perdaient par cette création la dispense du service militaire dont ils jouissaient précédemment. — Dès l'ouverture, ce petit séminaire, qui ne recevait que des internes ne payant que deux à trois cents francs de pension sans rétribution collégiale ni taxe universitaire, compta 191 élèves dont 70 avaient déserté Vannes, beaucoup sans avoir acquitté leurs dettes envers le Collège [3].

De plus, pendant les Cent-Jours, le Collège ayant été occupé par la force armée avait souffert des dégradations estimées à 1.500 fr., sans compter la démolition d'une partie des édifices dont les matériaux avaient été employés aux fortifications de la ville; une somme de 3.000 fr. [4] avait été enlevée de la caisse par des ordres supérieurs; et cependant, bien que la rentrée des rétributions ne s'était pas faite pendant les troubles, la Commission royale de l'Instruction publique exigeait que le Collège versât la taxe universitaire comme précédemment, lui, sans ressource, chargé de 2.000 fr. de dettes — le traitement des fonctionnaires n'avait pas été payé depuis le mois de

---

(1) Le budget de 1814 portait en recettes 21.059 fr.; celui de 1815, 16.620 fr.

(2) Cette maison destinée spécialement à préparer des jeunes gens à entrer au grand séminaire, avait enfreint dès l'origine les décrets et règlements concernant l'admission des élèves. La ville de Vannes se plaignit du préjudice ainsi porté à son Collège. Le Ministre de l'Intérieur enjoignit au préfet du Morbihan de veiller à la stricte observation des décrets impériaux, maintenus par une ordonnance du 15 août 1815. La réponse trop longue pour être insérée ici est très-virulente ; elle est signée : Pour copie conforme, *Pierre Ferdin, Év. de Vannes*. — V. *Monographie du Collège de Vannes*, par Alp. Mauricet.

(3) Voir registre des délibérations du Bureau d'administration, séance du 30 octobre 1815.

(4) Ce ne fut qu'après cinq années de réclamations que la ville, dans la caisse de laquelle cette somme avait été déposée, en fit le remboursement, le 12 mars 1819.

juin — et n'ayant en caisse que 460 fr., somme insuffisante pour faire quelques réparations tout à fait indispensables aux édifices dégradés [1].

Le gouvernement de la Restauration se montrait d'une ingratitude incroyable et inexplicable, à l'égard du Collège de Vannes.

Le Bureau d'administration, ne voulant pas cependant abandonner son Collège qu'il espérait bien voir résister à la crise qu'il supportait en ce moment (deux de ses membres, MM. Pasco et Géanno avaient vu sa situation en 1804 et n'avaient pas désespéré), fut obligé de prendre des mesures de sauvegarde. On décida la suppression de deux places qui n'étaient pas indispensables, celle du régent de deuxième classe de mathématiques et celle du suppléant des régents — le nombre des élèves à la rentrée de 1816 était tombé à 285; — puis l'établissement d'une rétribution sur les élèves domiciliés de la ville : 12 fr. par trimestre pour les classes de mathématiques, philosophie, rhétorique, seconde, et 9 fr. pour les autres.

Mais la Restauration fit-elle au moins quelque chose pour récompenser la conduite héroïque des élèves ?

A la fin de l'année 1815, le Ministre de l'Intérieur — répondant à un rapport où le général marquis de La Boëssière, l'un des chefs de l'armée royale de Bretagne, avait sollicité pour eux quelques faveurs — exprimait le regret de n'avoir, dans la circonstance, *que des éloges à donner à cette brave jeunesse.* Cette lettre, disait le général, déposée aux archives du Collège, *attestera aux générations qui s'y succéderont, que leurs devanciers ont été de courageux et dévoués défenseurs du trône.* Il ajoutait qu'elle *attestera aussi à ses jeunes compagnons d'armes qui sont encore au Collège qu'il attacherait un*

---

(1) Ce paragraphe est le résumé succinct, très succinct, de délibérations réellement remarquables du Bureau d'administration (6 septembre, 30 octobre, 8 décembre 1815, 20 janvier et 5 juillet 1816), luttant pied à pied contre les exigences et les sommations de la Commission royale de l'Instruction publique et, en désespoir de cause, réclamant de la reconnaissance du roi « source de toute justice » le privilège de l'exemption de la taxe exigée pour 1815.

grand prix à faire partager à la France entière l'estime qu'il avait conçue pour eux.

Des félicitations, des louanges et des éloges ! c'était peu.

Aussi, au pays, on taxait d'ingratitude la conduite du Gouvernement.

Louis XVIII songea enfin au dévouement que les *Ecoliers de Vannes* avaient montré à sa cause et rendit, le 27 juin 1816, l'ordonnance qui suit :

« *Louis*, par la grâce de Dieu, etc.

» Pendant les temps malheureux qui ont suivi la funeste
» époque du 20 mars 1815, les élèves du Collège de Vannes,
» formés en compagnie, armés et équipés à leurs frais, ont
» fait partie de l'armée royale dans le Morbihan, et ont
» combattu avec courage. Six d'entre eux sont morts glorieu-
» sement; un grand nombre a reçu d'honorables blessures [1];
» tous ont donné des preuves de leur fidélité et de leur atta-
» chement au gouvernement légitime. Voulant manifester la
» satisfaction que nous avons éprouvée de ce courageux
» dévouement et en assurer le souvenir;

» Sur le rapport de notre ministre secrétaire d'Etat au
» département de l'Intérieur;

» Nous avons ordonné et ordonnons ce qui suit :

» **Article 1.** — Des pensions annuelles sont accordées sur
» le trésor royal aux parents des six élèves qui ont péri dans
» les combats auxquels la compagnie a pris part. Savoir :

» Une pension de 600 francs à la mère des frères jumeaux
» *Nicolas* (Jean-Marie et Yves), le premier, capitaine, tué
» le 10 juin ; le second, caporal, tué le 6 juillet 1815. Cette
» pension sera réversible à son troisième fils.

» Une pension de 400 francs aux frères et beaux-frères du
» sous-lieutenant *Questel*, tué le 21 juin.

» Une pension de 400 francs au père de *Le Thiec* (Jacques),
» sergent, tué le 10 juin.

» Une pension de 400 francs à la mère de *Grégoire* (Lau-
» rent), fusilier, tué le 21 juin.

---

[1] Plusieurs moururent des suites de leurs blessures ou de leurs fatigues.

» Une pension de 400 francs à la mère de *Rio* (Colomban),
» caporal, tué le 21 juin.

» **Art. 2.** — Les sieurs *Bainvel* (Pierre-Marie), capitaine ;
» *Le Quellec* (Jean-Louis), lieutenant; *Rio* (François-Alexis),
» sous-lieutenant de la compagnie des élèves du Collège de
» Vannes, sont nommés *chevaliers de la Légion d'honneur* [1].

» **Art. 3.** — Le Collège communal de Vannes portera à
» l'avenir le nom de *Collège royal communal*.

» **Art. 4.** — Le Conseil général du département du Mor-
» bihan est autorisé à fonder dans le Collège royal communal
» de Vannes six bourses auxquelles nous nommerons,
» d'après la présentation du préfet et sur le rapport de notre
» ministre secrétaire d'État de l'Intérieur [2]. Ces bourses
» seront accordées de préférence à des élèves qui ont fait
» partie de la compagnie et, dans la suite, à des enfants issus
» des familles qui ont fourni des combattants pendant les
» Cent-Jours [3]. »

Donné en notre château des Tuileries, le 27ᵉ jour du mois
de juin de l'an de grâce 1816, et de notre règne le 22ᵉ.

Louis.

Par le roi :

Le Ministre secrétaire d'État au département de l'Intérieur,

Lainé.

Les élèves et leurs familles étaient récompensés; mais le
Collège de Vannes dut se contenter du titre ronflant de *Royal-
Communal*. Une dotation aurait bien mieux fait son affaire.

Cependant, il n'en continua pas moins son évolution sous
l'habile et sage direction de M. Géanno. En 1816, le nombre
des élèves était tombé à 285 ; en 1817, il s'éleva à 310 pour

---

(1) Six autres élèves reçurent quelque temps après la décoration **du Lys**, ordre que venait de fonder le roi. Ce n'était guère qu'un signe de ralliement ; il disparut en 1830.

(2) C'est à ce ministère que ressortissaient les questions relatives à l'enseignement. Le ministère de l'Instruction publique ne date que de 1820.

(3) Tous les élèves étant externes, ces bourses n'étaient que de la valeur des rétributions collégiale et universitaire réunies, 72 fr. par an. A partir de 1820, on n'en trouve plus trace sur les registres du Collège.

reprendre sa marche ascendante; 316 en 1818; 332 en 1819; 355 en 1820; 419 en 1821 [1]; 433 en 1822. Après avoir pansé ses plaies d'argent, il faisait des *bonis*. (Il avait en caisse 6.395 francs en 1819; en 1820, 10.930 francs, y compris les 3.000 francs de 1815, remboursés enfin par la ville; en 1821, 8.367 francs; en 1822, 8.992 francs.) Ces bonis, il les employait à l'entretien des bâtiments, aux réparations et développement du mobilier des classes, à l'achat d'objets utiles à l'enseignement, à l'amélioration du sort des régents, à la création, en 1821, d'une classe de sixième. Et dans tout cela, la ville n'entrait que pour une allocation annuelle — encore accordée à contre-cœur — de 900 à 1.400 francs.

Cette nouvelle ère de prospérité fut troublée par un conflit entre la municipalité et l'administration universitaire.

Au mois de janvier 1818, l'autorité municipale éleva la prétention de dresser et de présenter le budget du Collège, de faire porter aux recettes communales les revenus des maisons dépendantes du Collège louées à des particuliers, et de faire toucher par le receveur municipal le montant des rétributions collégiales.

Or, depuis 1803, le budget du Collège avait toujours été dressé par le Bureau d'administration, et la comptabilité tenue par le principal, pour le compte de l'établissement.

Et pourquoi l'autorité municipale voulait-elle s'emparer de cette comptabilité ? Il est triste de le dire, c'était pour faire entrer dans sa caisse les bonis que la sage gestion du principal permettait d'obtenir, c'est-à-dire pour faire bénéficier la ville de la prospérité du Collège.

Naturellement, le Bureau d'administration protesta, et le Recteur de l'Académie de Rennes, M. *Le Priol*, après consultation de la section du contentieux du Conseil académique, notifia au maire de Vannes, en mai 1819, que le principal, comme agent de l'Université — décret impérial du 15 novembre 1811 — devait seul être chargé de la gestion et admi-

---

[1] Création de la classe de sixième qui, dès son ouverture, compta 55 élèves.

nistration du Collège et de ses dépendances, et non le receveur municipal. L'Université tenta même de profiter du conflit pour contester à la ville la propriété des édifices. L'arrêté spécial des consuls, du 23 floréal an XI, mettait, il est vrai, la ville de Vannes en possession de ces édifices, mais à la condition expresse d'y *entretenir* une école secondaire (Collège); or, était-ce *entretenir* le Collège que de ne lui accorder qu'une allocation qui n'avait été, à certaine époque, que de 880 francs ? et de ne participer en rien aux dépenses de réparations et d'entretien des bâtiments ?

De longs débats s'entamèrent de part et d'autre. De nombreux « attendus » et « considérants » remplissent de grandes pages du registre des délibérations (1) du Bureau d'adminis-

---

(1) Nous croyons utile de donner ici, de la délibération de la séance du 14 juillet 1820 (21 pp. in-folio), quelques paragraphes intéressants surtout comme un résumé de l'histoire financière du Collège de 1804 à 1820 :

« Sous quelque aspect que l'on envisage la prétention de la commune,
» elle résiste également au droit et à l'équité.
» *Au droit :* à quel titre en effet la commune exigerait-elle le versement
» dans sa caisse des *bonis* du Collège ? Prétendrait-elle (car enfin elle n'a
» jamais défini ni expliqué les motifs de ses prétentions) prétendrait-elle
» à la propriété des *bonis* ? Mais on l'a déjà dit et répété, le Collège se
» régit *au compte même de l'établissement;* donc c'est à l'établissement seul
» que ses *bonis* doivent appartenir et profiter. La ville n'a d'autre intérêt
» et par conséquent d'autre droit que d'en connaître l'existence pour
» accorder, refuser ou modifier chaque année le secours qui peut lui être
» demandé par le Bureau d'administration.
» Se prétendrait-elle économe des revenus et bénéfices du Collège ? Mais
» les décisions ministérielles déjà citées laissent cet économat aux mains
» du principal qui n'est tenu *à aucun versement effectif*, mais seulement à
» rendre ses comptes tous les ans dans la forme prescrite par l'art. 13 du
» décret du 15 novembre 1811. Pour introduire un mode, un ordre différent
» de comptabilité, on serait autorisé à dire qu'il ne faudrait rien moins
» qu'une loi ou une ordonnance royale.
» *A l'équité :* En effet, dans le système qu'on veut imposer au Collège,
» ses *bonis* seraient pour le seul compte de la ville, et les *déficits* pour
» celui de l'établissement; les faits viennent ici à l'appui de l'assertion.
» L'exercice 1817 a présenté un déficit de 700 et quelques francs; il s'en est
» trouvé encore dans plusieurs exercices précédents. La Commune n'a
» comblé aucun de ces *déficits;* on en convient; mais, étrangère aux pertes,
» quelle justice y aurait-il à ce qu'elle s'appropriât les bénéfices ?
» Si ce que l'on va dire de plus n'est pas de nature à trancher en droit
» la difficulté existante, au moins paraît-il important que l'Autorité supé-
» rieure en soit informée. Elle saura donc que la commune de Vannes a
» pécuniairement retiré du Collège des avantages que ne balancent pas

tration. Puis les huissiers instrumentèrent ; les uns armés des arrêtés des 23 floréal et 30 frimaire an XI, les autres du décret impérial du 15 novembre 1811.

En fin de compte, les choses restèrent en l'état ; la ville conserva la possession des édifices et l'administration universitaire, la perception et la gestion des revenus et produits

» à beaucoup près les faibles secours qui lui ont été accordés : ici les faits
» viennent encore à l'appui de l'assertion.
» Lorsqu'à la fin de l'an XII, M. Géanno accepta la direction de l'éta-
» blissement, il était dû seulement aux Régents une somme de 4.400 fr.;
» et il n'existait en caisse que 57 fr.; les livres le prouvent.
» La Commune sentant l'importance de secourir le Collège, principale
» ressource de la ville, lui alloua alors un secours de 5.400 fr; mais sous
» la condition que les élèves domiciliés de Vannes ne payeraient aucunes
» rétributions, qui pour les autres élèves furent fixées à 9 fr. par trimestre
» dans les quatre premières classes et à 13 fr. 50 dans les classes supé-
» rieures.
» En 1809, la Commune réduisit son secours à 3,000 fr., l'année suivante
» à 2,200, l'année d'après à 883. Malgré cette progression toujours décrois-
» sante du secours, les élèves de Vannes n'en continuèrent pas moins à
» être exempts de toute rétribution. Cependant lors de la 1re réduction,
» contre laquelle le principal fit d'inutiles réclamations, il fut démontré
» que les élèves de Vannes, s'ils eussent payé comme les non domiciliés,
» auraient produit à l'établissement une somme supérieure à 5,400 fr.
» Le secours ne fut donc que fictif et même véritablement onéreux; et
» il le devint davantage encore dans les années subséquentes c'. à. d.
» depuis 1812 jusqu'en 1818, années pendant lesquelles la Commune a
» donné tantôt 883 fr., tantôt 1,446 fr., tantôt enfin 1,200 fr.
» Il faut observer qu'outre l'exemption de la rétribution collégiale, les
» élèves de Vannes jouissaient encore de l'exemption de la rétribution
» universitaire. C'est le Collège qui la payait pour eux; objet qui depuis
» 1809, s'est annuellement élevé au moins à 1,500 fr., somme de beaucoup
» supérieure au terme moyen des secours successivement accordés.
» Mais en admettant, au préjudice de la vérité, que cette dépense se
» soit balancée par les secours accordés, toujours reste-t-il que les élèves
» domiciliés de Vannes ont reçu l'instruction pendant « 13 » ans, sans
» payer la rétribution collégiale, ce qui eût formé un capital de environ
» « 40,000 fr. » dont la Commune a véritablement profité dans la personne
» de ses élèves domiciliés.
» Depuis même l'indispensable nécessité reconnue de les assujettir à
» une rétribution collégiale quelconque, elle a toujours été au-dessous
» du taux fixé pour les autres. Quand les non domiciliés payent 14 fr. 25,
» les Vannetais n'ont successivement payé que 6, 9 et 12 fr.
» Cette faveur constamment accordée aux élèves de Vannes est pro-
» prement un bénéfice pour la Commune, et ce n'est pas sans une grande
» surprise que M. l'inspecteur a appris qu'aujourd'hui encore le Collège
» paye la rétribution universitaire pour les élèves de Vannes, qui con-
» tinuent d'en être exempts.
» De tous ces faits il résulte que la Commune se trouve au vis à vis du

du Collège, dont les *bonis* ne pouvaient être employés que pour le bien de l'établissement [1].

L'année 1822 vit l'apogée — pour le nombre des élèves (433) — du Collège, dans la période de 1815 à 1830. A partir de 1823, la population tombe successivement à 384, 358, 369, 324, 318, 315, 257, enfin à 245 en 1830. En 1822, la caisse de l'établissement possédait un boni de 8.992 francs; ce boni va en diminuant chaque année; en 1823, il n'est plus que de 7.684 francs, puis de 5.767, 3.684, 2.343, 640 francs; la faible allocation municipale et la diminution des rétributions collégiales forçant le principal à prendre sur son encaisse pour couvrir les dépenses indispensables. En 1828, il y a un déficit de 948 francs qui ira s'aggravant; et, pour le combler, la ville sera forcément obligée d'augmenter son allocation.

La diminution du nombre des élèves s'explique facilement; à la rivalité du Collège royal (lycée) de Pontivy — qui avait toutes les faveurs de l'État — et du petit séminaire de Sainte-

» Collège dans une situation inverse de ce qu'elle devrait être d'après le
» décret du 15 novembre 1811; c'est-à-dire que tout bien compensé, bien
» considéré, l'instruction des élèves de la ville se trouve à la charge de
» l'établissement tandis que c'est l'établissement qui doit être à la charge
» de la commune pour les secours dont il peut avoir besoin.

» L'autorité supérieure aura à examiner si cet état de choses doit con-
» tinuer de subsister; mais en l'état, si aux avantages insolites qu'on
» vient d'énumérer, la ville ajoute le privilège d'avoir dans sa caisse, sous
» sa régie, et en quelque sorte à sa disposition, les *bonis* d'un Collège
» dans le déficit duquel elle n'entre jamais, il paraît évident qu'il y aura
» subversion totale et du décret du 15 novembre 1811, et des instructions
» ministérielles qui en ont donné l'interprétation.

» Le Bureau estime donc que le Principal doit rester saisi du *boni* effectué
» sur l'exercice 1818, et de tous les autres *bonis* qu'il pourrait opérer par
» la suite, sauf à en faire connaître l'existence par le compte annuel que
» prescrit l'art. 13 du décret susdaté. »

(1) M. Lallemand, que son parti pris contre l'Université égare, semble, n'avoir que superficiellement étudié la question qu'il dit avoir été résolue à l'avantage de la municipalité : « En conséquence, elle (la Commune de » Vannes) se maintint en possession de la gestion et administration de ces » revenus. » « *Origines de la ville de Vannes. Le Collège*, p. 60. » Or les budgets et les registres de comptabilité du Collège prouvent, d'abord, que les revenus des immeubles dépendant du Collège y sont portés en recettes jusqu'en 1854; ensuite, que les principaux continuèrent à être comptables des recettes et des dépenses pour le compte de l'établissement dont les *bonis*, tant qu'il y en eut, firent partie de son encaisse.

Anne — toutes celles de l'évêché — était venue s'ajouter la concurrence de nouveaux collèges fondés à Lorient, Auray, Josselin, Ploërmel, et de nombreuses écoles ecclésiastiques créées à Redon, Nantes, Rennes.

Cependant le Collège de Vannes *n'a jamais plus brillé par la valeur de ses élèves* que dans cette période de 1815 à 1830, où il a vu passer *Billaut*, le grand orateur homme d'État ; où il a préparé le doux poète *Brizeux*, formé le grand chirurgien *Alphonse Guérin*, l'immortel *Jules Simon* et nombre d'autres hommes remarquables dans tous les genres, dont on fera plus loin l'énumération.

Les professeurs étaient à la hauteur de leur mission [1]. On peut citer parmi eux *Le Grand*, qui sera recteur de l'Académie de Rennes en 1830 ; *Caro*, le père de l'illustre écrivain et philosophe, qui deviendra professeur de Faculté ; l'abbé *Mahé*, historien et archéologue déjà cité ; *Monnier*, qui sera membre de l'Assemblée législative ; *Peslin*, qui sera nommé professeur de mathématiques à la Faculté de Rennes.

De même qu'on l'a fait pour les autres époques, il est bon de dire quelle était la conduite des élèves de cette période. A part une centaine et plus de domiciliés à Vannes,

---

[1] Il est regrettable, pour *Jules Simon*, que dans sa vieillesse il se soit laissé aller à écrire sur le Collège de Vannes et ses professeurs, au milieu de dates et de faits entachés d'erreurs, des critiques entremêlées de contes ridicules que réfutent victorieusement les archives — ces mémoires d'outre-tombe irrécusables qui confondent les hâbleurs, en rétablissant la vérité historique — Certes, Jules Simon, pas plus que tout autre élève, n'est sorti du Collège avec de hautes connaissances ; mais s'il avait été l'ignorant qu'il dit, aurait-il pu l'année suivante entrer à l'École normale supérieure, à 10 ans, et le 3ᵉ ! avec ce compliment d'un des examinateurs — qu'il rappelle dans sa lettre du 27 novembre 1833 à son ami Gallerand — « que c'était moi qui écrivais le mieux, et à l'examen, j'étais le 1ᵉʳ pour le latin. »

Non, le Collège de Vannes en 1830 n'était pas, ce que le vieil auteur de *Premières années* a dépeint dans le brouillard de souvenirs datant de 65 ans, un collège d'ignorants qui ne « faisait que des latinistes ignorants de toutes choses, excepté du latin. » Parmi les condisciples de Jules Simon, outre le grand chirurgien *Alphonse Guérin*, on compte son frère *Frédéric Guérin* qui fut conseiller à la Cour de cassation ; *Lally*, sénateur du second Empire ; *Le Franc*, doyen de la Faculté des lettres de Bordeaux ; *de Sagazan*, savant géologue, ingénieur en chef du canal de Nantes à Brest ; le remarquable professeur de philosophie du Lycée de Brest, *Allante*, et l'inspecteur d'Académie *Alliou*.

les autres étaient logés comme aux siècles précédents par petits groupes disséminés chez les habitants ou dans des pensionnats tenus par de vieilles dames ou demoiselles, Mme Le Normand [1], Mlle Géanno...; un plus grand nombre dans l'établissement du P. Daudé, lazariste, qui avait construit un vaste édifice à l'entrée de la route d'Auray, à proximité du Collège [2]. Dans ce pensionnat où il n'y avait — au dire de Jules Simon qui l'habita pendant sa première année de collège — ni professeurs, ni répétiteurs, les enfants ne recevaient, avec quelque enseignement religieux sans doute, que le vivre et le couvert [3], mais étaient conduits à chaque classe au Collège par des surveillants ensoutanés, quoique n'étant pas dans les ordres.

Les élèves qui étaient hors de ces pensionnats, bien qu'ils fussent l'objet d'une active surveillance de la part des régents et surtout du principal et du sous-principal, n'en étaient pas moins l'objet de plaintes dont on trouve des preuves dans les archives du Collège. Non qu'ils se conduisissent comme leurs prédécesseurs des XVIIe et XVIIIe siècles, mais on reprochait aux grands « de courir à leur gré, même la nuit, de fréquenter les billards, cafés et cabarets, comédies et autres lieux qui peuvent leur être dangereux, soit au moral, soit au physique... surtout les bains indécents et périlleux sur les côtes voisines et aux étangs qui environnent la ville..., ce qui autoriserait le principal à refuser l'entrée du Collège à ceux qui s'obstineraient à demeurer dans des maisons où ils pussent trouver des occasions dangereuses ou des sociétés propres à les détourner de leurs devoirs [4]. »

Ce sont là tous leurs méfaits, car il ne faut pas prendre pour de l'histoire — ce que font nombre de lecteurs pourtant — l'ouvrage de Jules Simon *Trois condamnés à mort* qui

---

(1) Chez laquelle Jules Simon passa les années 1830-31-32.
(2) Cet édifice devint vers 1840 un pénitencier transféré depuis à Sainte-Anne-d'Auray; il a été ensuite démoli et le terrain qu'il occupait est aujourd'hui enclavé dans le couvent des Petites Sœurs des pauvres.
(3) Le P. Daudé n'était, suivant une expression de Taine (*Origines de la France contemporaine*, t. XI), qu' « un aubergiste pour collège d'externes. »
(4) Voir registre des délibérations du Bureau d'administration, folios 42, 44, 57.

n'est que du roman où tout, noms des personnages, faits, jugement, sont de pure fantaisie [1].

Cependant, si l'on en croit M. de Vaulabelle (*Histoire des deux Restaurations*), les élèves du Collège de Vannes auraient pris part aux troubles qui se manifestèrent dans les établissements universitaires [2] à l'époque des *Missions* prêchées sur tous les points de la France par les Jésuites (1819-1820). Les archives du Collège n'ont conservé aucune trace de troubles à cette époque. L'historien — qui n'a publié son œuvre qu'en 1847 — a peut-être eu en vue le fait suivant, relaté au registre des délibérations du Bureau d'administration, par le principal. Le 20 décembre 1821, les élèves refusèrent, à l'instigation de quelques meneurs, de chanter les vêpres (la raison, on ne la dit pas) « mais ils n'avaient certainement pas prévu ce qui arriverait au *Domine salvum, et qui avait été le plus scandaleux* [3] de cette scène malheureuse. » Le rapport du

[1] Nous avons connu M. Jourdan, l'avocat qu'il donne comme défenseur des élèves accusés de participation à l'assassinat; il affirmait que tout était de l'imagination de l'auteur. Disons de plus qu'au parquet de Vannes, il n'y a nulle trace de cette prétendue affaire, et que le registre d'inscription des élèves du Collège ne fait aucune mention de frères *Nayl* (ou *Nay*, comme il les nomme dans *Le Collège de Vannes, en 1830*).

[2] « Les sympathies ou les haines des parents (libéraux) étaient par-
» tagées par les enfants, et l'on retrouvait dans les pensions et dans les
» collèges les divisions qui agitaient toutes les classes des citoyens; comme
» au dehors, les élèves libéraux y étaient en immense majorité; ces ado-
» lescents reprochaient au gouvernement représenté par leurs maîtres...
» d'introduire dans toutes les parties de leurs études un esprit religieux
» contraire aux enseignements généraux de la philosophie et de l'histoire,
» et de leur imposer des habitudes dévotes inconnues dans les lycées de
» l'Empire. Ces griefs devinrent la cause de nombreuses révoltes qui
» éclatèrent successivement : d'abord à Paris, au collège Louis-le-Grand
» (autrefois Lycée Impérial), ensuite dans les collèges de Nantes, de Rennes,
» de Bordeaux, de Caen, de Périgueux, de Lyon, de Toulouse et de
» Vannes. » (Ach. de Vaulabelle, *Histoire des deux Restaurations*, t. 5, p. 54).

[3] « Le culte du Roi n'était que l'une des formes du culte de Dieu. » (Jules Simon. *Premières années, Saint-Jean-Brévelay*).

Cela me remet en mémoire quelques vers écrits vers 1848 par un de mes compatriotes, Henri Cozic, ancien élève du petit séminaire de Sainte-Anne, qui devint un remarquable journaliste et collabora longtemps à *la Presse* :

« Sainte-Anne,
» La Mecque des Chouans !
....
....
» Où l'on m'apprit à aimer Dieu
» Et surtout le Roy. »

(Je ne réponds pas de la contexture des vers; mais je garantis le sens). J. A.

principal tâche d'amoindrir la faute, afin de solliciter l'indulgence de l'autorité supérieure qui, elle, exigeait une sévère punition; mais il est certain qu'il y avait eu autre chose que le refus de chanter, attendu que le rapport parle de *tumulte* produit.

Après la Révolution de 1830, le Collège subit, dans son personnel d'abord, une transformation : on pourrait dire qu'il fut laïcisé.

Il n'était cependant pas — ce que feraient supposer les dires de Jules Simon [1] — une espèce de petit séminaire où presque tous les régents étaient des prêtres, n'ayant aucun grade. Sur dix régents, il y avait, en 1828-29, quatre abbés ; en 1829-30, il n'y en avait plus que deux qui, ainsi que les autres professeurs, étaient bacheliers; en 1830, il n'en resta qu'un : le régent de philosophie, l'abbé Flohy [2], ayant refusé de prêter serment au nouveau roi ; il fut remplacé par M. Monnier [3].

M. Géanno, qui dirigeait l'établissement depuis 1804, avec le titre de principal, du 20 février 1810, fut mis à la retraite le 16 octobre 1830, et le professeur de rhétorique, M. Lenevé [4], lui succéda. « Sur la proposition de M. le Préfet (Lorois), le
» bureau d'administration a voté à l'unanimité des remer-
» ciements à M. Géanno pour tous les services qu'il a rendus
» pendant sa longue et honorable administration, et lui a
» exprimé le regret de voir que son âge et ses infirmités
» l'éloignent d'une fonction qu'il a toujours remplie avec
» zèle et désintéressement [5]. » (Séance du 4 novembre 1830.)

---

(1) « Nous n'avions que deux bacheliers au Collège, M. Peslin et M. Monnier... Nos autres maîtres étaient des prêtres bons et grossiers, ou fûtés et onctueux... Quand on demandait à l'abbé Le Baille, s'il avait un grade, il répondait : « J'ai ma soutane... » Nous étions en respect devant les prêtres, mais nous rendions les laïques malheureux comme les pierres, quand par hasard on nous en donnait un. » *Premières années. Au Collège, passim.*

(2) Il est mort chanoine de la cathédrale et vicaire général de l'évêque de Vannes.

(3) Il fut le professeur de philosophie de Jules Simon.

(4) C'est sous lui que Jules Simon fit sa rhétorique (1830-31).

(5) M. Géanno avait été professeur au Collège, de 1786 à 1792 — incarcéré quelque temps en 1793 — puis instituteur public sur la frégate de la République *la Bellone*, professeur de langues anciennes à l'École centrale en

JULES SIMON

En 1831, les cours de mathématiques reçurent un développement nécessaire, un second régent fut nommé; de plus, on créa un cours d'anglais et une classe de septième. Le nombre des élèves s'éleva à 301, et le Collège remporta dans le courant de cette année un succès retentissant : l'élève Jules Simon [1] obtint, au concours général établi entre tous les collèges de l'Académie de Rennes, *le prix d'honneur*. Mais ces créations de nouvelles chaires entraînaient un surcroît de dépenses, et la municipalité, qui accordait un subside de 5.000 à 6.000 francs, refusait de faire plus. En cet état, le Bureau d'administration crut devoir exiger des élèves de la ville [2] la même rétribution que pour les étrangers et même d'élever les rétributions (72 francs pour les classes supérieures, 54 francs pour les inférieures [3]). Ce fut une faute, car les rivaux du Collège en profitèrent; le nombre des élèves retomba à 261, et continua d'autant plus à déchoir que les ennemis de l'enseignement universitaire (parmi eux, nombre d'ecclésiastiques ayant fait leurs études

mars 1798 (ventôse an VII); il dirigeait un pensionnat et une école secondaire quand il redevint (7 novembre 1803) professeur de rhétorique au Collège réorganisé sous le titre d'École secondaire de Vannes; directeur de cette École le 24 octobre 1804, principal du Collège universitaire le 26 février 1810. (Dans le courant de cet ouvrage, nous avons fait ressortir le dévouement et les hautes capacités administratives de cet homme de bien qui consacra 40 années de sa vie au Collège de Vannes, et dont tous ceux qui le connurent gardèrent, comme Jules Simon, un profond et respectueux souvenir). Il mourut en 1839.

(1) Entré en 3ᵉ au Collège, le 1ᵉʳ février 1829, il est inscrit sous le nom de *Suisse*, en 1829-30, sous celui de *Simon-Suisse*, à la rentrée de 1830, sous celui de *Simon*, les registres et les palmarès de 1831 et 1832, l'appellent *Jules Simon*. (Né à Lorient, le 27 décembre 1814, il est mort à Paris, le 8 juin 1896).

(2) Déjà, devant l'obstination de la ville à ne pas voter les subsides indispensables, le Bureau avait fait prévoir cette mesure. Dans sa séance du 2 février 1820, il avait déclaré : « qu'il aimerait à devoir à la bienveil-
» lance de la Commune pour le collège la totalité des secours qu'il demande
» pour lui; mais que si contre son attente, elle persistait à ne pas les
» accorder, le Bureau se verrait, à regret, dans la nécessité d'exiger des
» élèves de Vannes une rétribution égale et même supérieure à celle que
» payent les élèves non domiciliés. »

(3) Y compris la rétribution universitaire de 15 fr. qui ne fut supprimée qu'en 1845.

au Collège [1]) usaient de tous les moyens pour le combattre ; on allait déjà jusqu'à acheter le départ des élèves, surtout de ceux qui se faisaient remarquer par leurs succès. Ainsi, un établissement rival fit proposer à la pauvre famille de Jules Simon « pension gratuite et exemption de tous frais d'études » pour son fils. Mais le jeune Simon refusa de quitter les maîtres dévoués qui l'avaient formé et une maison qu'il aimait. Il est vrai de dire que le préfet du Morbihan *(Lorois)* lui fit accorder un secours de 200 francs, et le Bureau d'administration, l'exemption de toute rétribution [2].

On crut trouver un remède à l'exode des élèves par la création d'un *internat* [3]. Sur la proposition du Bureau d'ad-

---

(1) Les Jésuites, chassés de Sainte-Anne par l'ordonnance du roi Charles X, du 16 juin 1828, et qui s'étaient réfugiés à Vannes dans leur résidence de la rue du Drézen, n'étaient pas les moins acharnés, on le conçoit, à cette sourde guerre faite au Collège.

(2) Nous croyons bon de donner ici, *in-extenso*, copie de la délibération prise à ce sujet par le Bureau d'administration, qui montre que les membres de cette assemblée avaient du *flair* :

« Séance du 24 janvier 1832, où étaient MM. Lorois, Préfet, Président ;
» Hervo, procureur du Roi ; Claret aîné, vice-président du tribunal civil ;
» Ducordic avocat, député du département ; Jollivet, notaire et Lenevé
» principal, secrétaire.

» Le Principal expose que les succès distingués obtenus par le jeune
» Simon, élève de Philosophie, dont les parents sont sans fortune, ayant
» déterminé à lui proposer d'aller achever ses études dans un autre éta-
» blissement, où il aurait eu sa pension gratuite et exemption de tous frais
» d'études, il serait de toute justice que l'Administration du Collège de
» Vannes accordât les mêmes avantages à cet élève, qui peut soutenir aux
» concours généraux de l'Académie la réputation de celui qui l'a formé et
» dont il est le principal ornement.

» Monsieur le Préfet, prenant en considération l'excellente conduite et
» les brillants succès de *Monsieur Simon*, et consultant l'avantage du
» collège de Vannes, déclare qu'il accordera à cet intéressant élève, sur les
» fonds destinés à encourager l'Instruction dans le département, une
» somme de deux cents francs pour l'aider à terminer ses études à Vannes.

» Le Bureau d'administration, par les mêmes motifs, décide à l'unani-
» mité que Simon sera exempté de la rétribution collégiale. Il exprime de
» plus le désir de voir ce jeune homme, *qui donne les plus belles espérances*,
» attaché, comme Régent au Collège de Vannes, quand il y aura quelque
» vacance. »

(3) Tous les autres établissements concurrents, universitaires ou congréganistes, en avaient. Le principal ne logeait même pas au Collège. — Les classes finies, le concierge fermait les portes, et l'établissement restait désert jusqu'au lendemain. — Ce ne fut qu'en 1834 que quelques pièces furent aménagées pour servir au logement de M. Lenevé et de sa famille.

ministration, la municipalité agréa ce projet, mais à la condition que le pensionnat serait au compte du principal, à ses risques et périls, sans aucun subside de la ville. Après approbation ministérielle, des constructions furent exécutées, des améliorations intérieures opérées, un mobilier fourni au principal « au fur et à mesure des besoins, mais sur inven-
» taire estimatif et à charge par lui de le restituer, s'il cessait,
» pour un motif quelconque, de diriger l'établissement. »
Une somme de dix mille francs votée par le Conseil municipal était affectée à toutes ces dépenses.

Le pensionnat fut ouvert à la rentrée de 1837. Cette innovation amena d'abord une augmentation du nombre des élèves : de 166, en 1836, il s'éleva peu à peu jusqu'à 207 en 1840 [1], même à 220, grâce à l'annexion au Collège d'un cours d'enseignement primaire supérieur.

Mais, à partir de 1841, recommença la décadence.

Etait-ce la faute des maîtres, des insuccès des élèves ?

En octobre 1835, le principal disait dans un rapport au maire :

« L'examen du baccalauréat vient de prouver, comme
» l'avait fait le concours général de 1831, que le Collège de
» Vannes se maintient en première ligne parmi les plus
» florissants de l'Académie. Ce résultat est dû au zèle qu'ont
» toujours déployé les fonctionnaires...... Aussi peut-on
» affirmer que le personnel du Collège de Vannes est un
» des meilleurs de l'Académie, quoique ce soit le plus mal
» rétribué [2]. »

Et le 8 mars 1842, un inspecteur de l'Académie de Rennes faisait, devant les membres du Bureau d'administration, la déclaration suivante, inscrite au registre des délibérations :

« A l'ouverture de la séance, M. Dubois a pris la parole et
» a indiqué, classe par classe, les résultats de l'inspection du

---

(1) En 1838, le Conseil général du Morbihan avait créé 8 bourses d'internat. Le nombre des internes ne dépassa jamais 40, et celui des demi-pensionnaires, 15.
(2) Le traitement du principal, régent de rhétorique n'était que de 2,000 fr.; celui des professeurs des classes supérieures, de 1,500.

» Collège qu'il vient de terminer. Il a déclaré que, sous le
» rapport de la méthode d'enseignement, de la direction
» imprimée aux études, de la moralité et de la saine doctrine
» inculquée aux élèves, le Collège de Vannes n'était inférieur
» à aucun autre établissement communal, qu'il l'emportait
» même sur plusieurs, et qu'il pouvait rivaliser avec les
» Collèges royaux... En indiquant les connaissances acquises
» par les élèves, M. l'Inspecteur a déclaré que le zèle, le
» dévouement et l'instruction des professeurs étaient dignes
» d'éloges et il a signalé à la reconnaissance du Bureau
» d'administration les efforts soutenus et toujours croissants
» de ces fonctionnaires... »

A la fin de l'année scolaire 1843-44, M. Lenevé, découragé et ruiné [1] prit sa retraite. M. *Tranois*, qui depuis fut proviseur du lycée de Saint-Brieuc, lui succéda.

Sous son administration, nombre de réformes et d'amendements furent résolus : la chaire de rhétorique que remplissait le principal fut confiée à un régent spécial [2]; on décida, en principe, la fondation d'une chaire d'histoire, pour laquelle on espérait une subvention de l'Etat [3]; on projeta la création d'une bibliothèque [4]; des tables furent disposées dans les classes où jusqu'alors les élèves, même les plus jeunes, assis sur des bancs grossiers, devaient, au détriment de leur santé, écrire sur les genoux; les études et les classes furent chauffées en hiver ; des améliorations furent faites dans

---

(1) Le 12 octobre 1844, il écrivait de Nantes où il s'était retiré : « M' le Maire, l'administration municipale sait bien que je me suis ruiné pour avoir accepté la direction du pensionnat de son Collège. »

(2) « La bonne administration et la surveillance continuelle des classes et du pensionnat ne permettant pas au principal de donner à la direction d'une classe dont l'enseignement lui serait confié, le temps nécessaire pour assurer le succès des études. » Bureau d'administration. Séance du 18 septembre 1844.

(3) Elle ne fut pas accordée. Le Bureau d'administration faisait cependant ressortir tous les sacrifices faits par la ville pour son Collège et remarquer qu'au même moment, les Frères de Saint-Yon de Vannes obtenaient des secours pour le développement de leurs écoles, la commune de Sarzeau une subvention de 6,000 fr. pour fonder une école primaire supérieure telle que celle que, sans aucun secours, on avait annexée au Collège.

(4) L'ancienne bibliothèque départementale avait été enlevée, en 1832, du Collège où, il faut bien le dire, elle était presque abandonnée, et accordée à la Société polymatique.

l'aménagement du pensionnat; une nouvelle construction [1] ajoutée aux bâtiments; on parla même, à cette occasion, de construire un Collège neuf, mais le Conseil municipal recula devant une si grosse dépense. En résumé, la ville, à l'instigation du Bureau d'administration, se montra pleine de zèle, à cette époque, pour soutenir son Collège, auquel elle accordait une subvention annuelle de 8.000 à 9.000 francs.

A la fin de 1848, M. Tranois fut nommé à Saint-Brieuc ; M. *Tollemer* lui succéda. En mai 1849, M. Monnier [2], sous-principal et professeur de philosophie, ayant été élu député à l'Assemblée législative, personne ne fut pourvu du titre de sous-principal; puis, en août, M. Tollemer fut appelé au lycée du Puy. Le successeur désigné ne se rendit point à Vannes. « Toutes les vacances se sont écoulées sans que les pères de famille, qui désiraient placer leurs enfants dans l'établissement, pussent s'adresser soit au principal, soit au sous-principal. Plusieurs d'entre eux se sont décidés, en l'absence des chefs, à faire choix d'un autre établissement d'instruction. Le préjudice éprouvé par notre Collège sera difficilement réparé [3]. »

La rentrée des classes se fit sous la direction de M. Rozé, professeur de rhétorique, qui, à la prière du préfet, avait bien voulu accepter l'intérim de principal. Enfin, le 10 novembre, M. *Gosselin*, licencié ès-lettres, ancien professeur et ancien inspecteur des écoles primaires du département, nommé le 8 novembre par le Ministre de l'instruction publique, fut installé principal.

Cette incurie de l'autorité supérieure refroidit singulièrement l'ardeur que venaient de montrer les années précé-

---

(1) C'est l'aile parallèle à la chapelle et la seule partie qui reste encore de l'ancien Collège. La dépense monta de 7 à 8,000 fr.

(2) M. Monnier, dont nous avons déjà parlé, était le gendre de M. Géanno que Jules Simon, dans *Premières années*, a présenté comme « une sorte de prélat laïque... il n'était pas dans les ordres; il n'était pas marié non plus. » — Jules Simon avait la mémoire singulièrement affaiblie, quand il écrivit cet ouvrage. — Les registres du Collège conservent la copie d'une lettre chargeant le principal de remettre à la *veuve de M. Géanno* le brevet d'une pension de 500 fr.

(3) Séance du Bureau d'administration du 16 octobre 1849.

dentes, et le Bureau d'administration et le Conseil municipal ; et c'était d'autant plus malheureux pour le Collège, que cela se passait au moment où les adversaires de l'Université se préparaient à frapper un grand coup, en alléguant la liberté.

Il n'y avait pas six mois que M. Gosselin dirigeait le Collège, lorsqu'il s'y produisit un fait délictueux au premier chef, que l'histoire ne peut passer sous silence.

Le cœur de Mlle de Francheville avait été — on l'a dit précédemment — inhumé dans la chapelle dont elle fut la principale fondatrice. Or, le 30 avril 1850, de grand matin, un homme s'était introduit dans la chapelle avec un ouvrier à qui il avait fait pratiquer des fouilles ; après de longues recherches, il avait découvert et emporté la relique qu'il porta aussitôt clandestinement au couvent des Dames de la Retraite (ordre fondé par Mlle de Francheville), mais sans avoir eu le temps d'effacer les traces de la profanation. Cet homme était M. l'abbé Flohy jeune, professeur au grand séminaire, qui remplissait en outre les fonctions d'aumônier du Collège ; le concierge l'avait vu sortir de la chapelle vers 6 heures. Le principal, averti de cette violation de sépulture, fit fermer et sceller les portes de l'édifice et en référa au préfet, M. *Boulage*, président du Bureau d'administration, qui fit la sourde oreille — il semblait être de connivence avec les spoliateurs. — Alors M. Gosselin mit le recteur de l'Académie de Rennes au courant des faits et, malgré le mauvais vouloir du préfet, obtint au bout de trois jours, après menace de porter l'affaire devant la justice, la réintégration de la relique, rapportée par l'abbé Flohy et que le principal accepta comme telle, sur l'affirmation de l'abbé que c'était celle qu'il avait enlevée [1].

(1) Ce paragraphe est un résumé très succinct de toutes les pièces de cette affaire conservées dans la famille de M. Gosselin comme preuve de l'injustice de sa révocation et dont je possède une copie écrite, pour moi, en entier de sa main d'octogénaire (J. A.).

Au mois de juillet 1898, à la suite d'une demande de Mme la Supérieure générale de l'ordre de la Retraite, présentée régulièrement et acceptée par la famille de Francheville, la municipalité de Vannes, le Bureau d'administration du Collège et l'autorité académique, le cœur de Mme de Francheville

M. Gosselin avait vu, dans l'acte commis par l'abbé Flohy, « le meilleur homme du monde, disait-il, qui n'était dans cette affaire qu'un intermédiaire irréfléchi, » autre chose que le vol d'un cœur enchâssé dans du plomb, mais bien un moyen de priver d'une relique qui y attachait quelque chose de sacré, le Collège confié à sa direction, et cela au moment même où l'on se préparait à en consommer la ruine; et il avait trop bien vu. Mais il avait eu le tort de résister au désir de M. le Préfet du gouvernement du Prince-Président, *Louis-Napoléon*, qui cherchait alors à s'attirer — dans le but que l'on sait — les bons offices du clergé. Aussi, de concert avec M. le Recteur d'Académie du Morbihan [1], *de Kergaradec*, M. Boulage fit-il révoquer, dans le courant de l'année suivante, un homme si bien disposé à défendre son Collège envers et contre tous.

M. Gosselin quitta donc [2], et sans obtenir de pension de retraite, l'Université où, pendant de longues années, soit comme professeur, inspecteur des écoles primaires et principal, il avait rendu des services appréciés, ce que constate le registre des délibérations du Bureau d'administration [3].

Sous M. *Pons*, son successeur, la décadence du Collège s'accentua d'année en année.

La loi du 15 mars 1850 — dite « *Loi Falloux* » du nom du ministre qui la fit voter par une assemblée réactionnaire — dont le but, sous le fallacieux prétexte de « liberté d'enseignement, » était de combattre l'enseignement universitaire,

---

a été remis aux mains des Dames de la Retraite, ainsi que ceux du P. Huby et de Mme de Kerderff, première supérieure de l'ordre. En reconnaissance, l'Ordre a fait don, à la chapelle du Collège, d'une statue de N.-D. des Etudiants, reproduction de celle qui décore l'église de la Sorbonne.

(1) La loi Falloux avait établi un recteur d'Académie dans chaque département. Les députés du Morbihan désignèrent pour remplir ce poste, à Vannes, le vicomte Le Jumeau de Kergaradec, un docteur... en médecine, vieillard étranger à l'Université, mais qu'ils savaient apte à faire appliquer rigoureusement la loi anti-universitaire.

(2) Il se retira dans un petit bien qu'il possédait à Boisderval près de Josselin, se fit agriculteur, défrichant les landes, plantant les collines, drainant les marais et créant une importante exploitation. « La terre, m'écrivait-il en 1890, est plus juste que les hommes : *justissima tellus*. »

(3) Voir séance du 20 septembre 1851.

ajoutait des armes légales à celles dont s'étaient servis jusqu'alors les ennemis du Collège.

Aussitôt la promulgation de cette loi, les adversaires de l'enseignement laïque s'entendirent pour fonder à Vannes un établissement de Jésuites. Un comité de propagande s'organisa qui, pour venir en aide aux pauvres Pères, ouvrit une souscription en tête de laquelle s'inscrivit, pour une somme très importante, le nabab du pays, le receveur général, banquier, Avrouin [1]; et, le 15 novembre 1850, l'école libre *Saint-François-Xavier* s'ouvrait avec 200 externes, dont près de 100 avaient quitté le Collège où l'on payait une rétribution, tandis que là-bas l'enseignement était gratuit. Il est vrai de dire que, quelques années après, les P.P. supprimèrent la gratuité; mais alors, ils avaient atteint leur but : le Collège était dépeuplé.

Et l'on osait parler de concurrence loyale !

Pour diriger son Collège, la Compagnie de Jésus avait choisi un recteur de grand talent, le *R. P. Pillon* que, d'après son panégyriste [2], on qualifiait de « Supérieur majestueux, » de « Recteur magnifique » et que ses admirateurs dénommaient parfois « le Prince Adolphe, » « le Roi Pillon. »

C'était un charmeur; aussi, parvint-il en peu de temps à s'emparer des esprits des notabilités et des autorités du pays.

Voici quelques extraits de son histoire, par le *P. Orhand* :

« L'Evêque, le préfet et les notabilités de la ville assistaient à la messe du Saint-Esprit. » — Octobre 1851.

« Toutes les autorités nous prêtent un concours efficace, et de la meilleure grâce du monde. » — Lettre du P. Pillon, janvier 1853.

« La distribution des prix s'est faite le 22 août, en présence

---

[1] Huit ans après (1858), ce généreux donateur faisait une banqueroute de 4 millions ruinant nombre de petites gens qui avaient chez lui déposé leur modeste avoir, et jetant la perturbation dans le commerce du pays vannetais. Il fut condamné à 2 ans de prison. Mais les Jésuites rapportèrent-ils à l'actif du banqueroutier la forte somme qu'ils en avaient reçue?

[2] Le P. Orhand, *Le R. P. Pillon et les Collèges de Brugelette, Vannes, etc...*

des officiers de la garnison qui paraissaient pour la première fois [1]. »

A la messe du Saint-Esprit, 11 octobre 1854, « Tout le personnel de la Préfecture était présent [2]. »

Puis, « sa besogne déjà si forte, grâce au déluge des relations [3] officielles, en devenait plus écrasante. »

Enfin, « les événements l'avaient favorisé presque toujours. Il avait un évêque d'une rare bonté; *son* préfet, M. Boulage, était un ami et pleurait en partant; *son* recteur d'Académie, M. de Kergaradec, est peut-être la plus profonde affection de son cœur. »

Et pendant ce temps-là, le malheureux Collège de Vannes, que n'honoraient de leurs visites, ni évêque, ni préfet, ni recteur d'Académie, ni général, gisait dans son coin, abandonné de tous [4], même de l'État [5], comme un chien galeux!

Son agonie dura six années !

Oh ! la municipalité n'eut pas d'abord l'air de s'en désintéresser, du moins ostensiblement; mais on comprend ce qui devait se passer, quand on sait que sur les huit membres du comité de propagande précité, six étaient conseillers municipaux, y compris les deux adjoints au maire. Et, si le Conseil municipal s'occupait du Collège, ce n'était que pour mettre en parallèle les sacrifices de la ville avec les résultats obtenus.

Le déficit allant s'aggravant chaque année, un des édiles —

---

(1) A partir de cette époque, les chefs de l'armée furent de toutes les fêtes religieuses ou mondaines.
(2) L'Empire naissant ne tentait-il pas alors de gagner l'appui de l'Église ?
(3) Ceci ne rappelle-t-il pas le P. Ronsin — sous la Restauration, alors que l'association appelée la Congrégation dirigeait le gouvernement — voyant défiler dans sa cellule de Montrouge, les cordons des grands seigneurs, les croix d'or des évêques, les simarres des magistrats, les panaches des généraux ? (V. *Histoire de France depuis la Restauration*, par J.-C. de Lacretelle).
(4) Je me trompe. Quand, en 1851, pour diminuer les dépenses, on songea à supprimer la classe de mathématiques spéciales, le docteur J.-J. Mauricet, administrateur, ancien élève du Collège et quelques-uns de ses amis se cotisèrent pour faire les 1,500 fr. de traitement du professeur (V. séance du Bureau d'administration, 26 septembre 1851).
(5) Tous les secours sollicités par le Bureau d'administration étaient refusés (V. Registre du Bureau d'administration, *passim*).

inutile de dire qu'il était un des membres du comité susdit — émit une idée lumineuse pour augmenter les revenus du Collège, ce fut d'augmenter le taux de la rétribution collégiale, en le portant de 60 à 80 francs; et cela, en présence d'une maison rivale qui donnait l'enseignement gratis — n'est-ce pas étonnant ! — et ce fut approuvé ; et naturellement le nombre des élèves diminua encore, et le déficit s'en accrut (1).

Le budget du Collège — le nombre des élèves réduit à 64 en 1856 — tombait presque en totalité à la charge de la ville qui dépensait alors de ce chef une dizaine de mille francs. On pouvait se débarrasser de cette dépense puisque l'on avait l'enseignement pour rien à l'établissement des Jésuites (2).

On résolut d'en finir. Après avoir rejeté toutes les propositions de l'autorité universitaire, entre autres l'offre de l'annexion d'une école professionnelle, en ne conservant même que les classes de grammaire — proposition appuyée par le Conseil général du Morbihan qui vota, pour cette école professionnelle, une annuité de 3.000 francs — le Conseil municipal de la ville de Vannes, profitant du renouvellement avec l'Etat du bail de quinquennalité, refusa, dans sa séance du 13 novembre 1856, de voter tout crédit affecté au Collège qui conséquemment devait disparaître avec l'année scolaire 1856-1857 (3).

Le journal local « *Le Courrier du Morbihan* » annonçant

---

(1) Il s'accrut d'autant plus que la municipalité s'empara, en 1854, des revenus — 1,400 fr. — des bâtiments (maison de la Retraite et maison dite Gandonnière) que, depuis 1803, le principal percevait au compte du Collège.

(2) Quant à « la liberté des pères de famille » dont on s'était fait une réclame, pour la fondation de l'Ecole Saint-François-Xavier, on n'en avait plus cure !

(3) Avant la fermeture complète, le Conseil municipal fit la proposition, le 15 juillet 1857, de mettre à la disposition de quiconque — Etat, département ou particuliers, — voudrait fonder une école professionnelle, les bâtiments du Collège, le matériel des classes et une subvention de 4,000 fr.; mais à la condition qu'à cette école ne seraient pas adjoints de cours classiques.

cette fatale nouvelle, dans son numéro du 20 novembre 1856, la faisait suivre de ce commentaire :

« Le mauvais plaisant, qui insulte parce qu'il ignore, dira peut-être que, sur cette porte qui va se fermer pour ne plus se rouvrir, il faut placer l'écriteau « Boutique à louer. »

« Pour moi, je voudrais que l'on ciselât avec un burin d'acier, au lieu le plus apparent, sur la pierre la plus dure, afin qu'elles restassent gravées comme un juste témoignage, les seules paroles : « *Transiit benefaciendo.* »

« Passant, découvre-toi devant une grande infortune ! et salue avec respect ces murailles antiques qui, pendant près de trois siècles, abritèrent les flots pressés d'une studieuse jeunesse dont purent, avec raison, s'enorgueillir et l'Eglise et la France. »

On ne pouvait mieux dire !

En effet, outre les noms déjà cités, le Collège de Vannes avait — dans la période universitaire de 1803 à 1856 — compté parmi ses élèves un grand nombre d'enfants qui devinrent des hommes marquants. Aux noms célèbres des **Billaut, Brizeux, Alphonse Guérin, Jules Simon**, s'ajoutent ceux des prélats **Nogret**, évêque de Saint-Claude; **Le Dibouësse**, évêque *in partibus* ; **Le Port**, abbé de la Trappe de Belle-Fontaine; **Le Joubioux**, vicaire général de l'évêque de Vannes, chapelain intime de S.S. Pie IX; des généraux **Bigarré, Dalmas de La Pérouse, Pradier, Jollivet, Cramezel de Kerhué** ; des amiraux **Dalmas de la Pérouse** et **Rallier** ; de **Peyronnel**, inspecteur en chef de la marine, et **Caillet**, mathématicien examinateur de la marine; de l'abbé **Danielo**, de la Constituante de 1848; **Monnier**, de l'Assemblée législative ; **de Sivry**, préfet, député, sénateur ; **Laity**, sénateur ; **Dahirel, Crespel de la Touche, du Bodan, Lorois**, députés ; **Dano**, ambassadeur; **Rio**, historien et critique d'art; **Cayot-Delandre**, archéologue et historien, qui a écrit « *Le Morbihan, son histoire et ses monuments* » ; de **Sagazan**, ingénieur en chef et géologue; **Félix Guérin**, conseiller à la Cour de Cassation ; des abbés **Le Mauff**, vicaire général de l'éminent cardinal de Lavigerie et **Lacambre**, prédicateur renommé ;

de **Le Franc**, doyen de la Faculté des Lettres de Bordeaux ; des professeurs de philosophie **Caro** père et **Allanic**, de Brest; des inspecteurs d'Académie **Dupontavice** [1] et **Alliou** ; enfin, de nombre d'autres qui, s'ils occupèrent de moins hautes situations, furent des hommes de bien, utiles à leur pays : tels le si remarquable et si charitable docteur **J.-J. Mauricet** et l'avocat **E. Burgault**, plusieurs fois maire de Vannes.

Est-il beaucoup de Collèges, de province du moins, pouvant se glorifier d'une telle lignée !

A la distribution des prix, août 1857, on annonça donc la fermeture du Collège; les professeurs reçurent d'autres destinations et les élèves boursiers furent transférés au lycée de Napoléonville (Pontivy).

---

[2] **Le Collège de Vannes était mort !**..... Ainsi le croyaient du moins les ennemis de l'Université.

Mais une question se posa : qu'allait devenir la propriété donnée, en 1574 et 1577, « **perpétuellement et à jamais** » pour édifier un Collège destiné à l'instruction de la jeunesse, « **où se ferait journellement l'exercice des lettres, et non autrement ?** » lequel Collège, confisqué nationalement en 1794, avait été concédé à la ville de Vannes, par décret du 23 floréal an XI, mais à la condition expresse d'y *entretenir une École secondaire*.

On apprit que l'on s'occupait de cette affaire en haut lieu. Alors, dans la crainte de se voir déposséder [3], le Conseil municipal, sur les instances du Bureau d'administration, surtout

---

(1) Inspecteur d'Académie à Paris (1872). Un des jeunes élèves du Collège de Vannes à qui Jules Simon donnait tous les jours des leçons à raison de 3 fr. par mois.

(2) J'ai cru, en cette dernière phase de l'*Histoire du Collège de Vannes*, ne pas entrer dans autant de développements que pour les phases précédentes; j'aurais été obligé de toucher aux noms de personnages encore vivants. A mon sentiment, l'histoire n'a droit de critique que sur les morts.

(3) C'est à cette occasion que M. Lallemand fit ses recherches aux archives, pour établir « A qui appartiennent les bâtiments du Collège de Vannes. »

LE COLLÈGE JULES SIMON   LA CHAPELLE

de deux de ses membres, MM. *Mauricet* et *Burgault* — que l'on pourrait appeler les sauveurs du Collège de Vannes — se décida à voter *in extremis* (2 octobre 1857), le maintien des classes élémentaires seulement (encore étaient-elles géminées); et cette ombre de Collège s'ouvrit quelques jours après (26 octobre), avec un professeur [1] chargé du principalat, 2 régents et 15 élèves. L'année suivante, il y en avait 60 : on avait annexé un cours professionnel qui fut le noyau des cours d'enseignement spécial, devenu actuellement l'enseignement moderne.

On espérait bien, dans le parti des jésuites, que ce petit Collège ne sortirait pas de l'obscurité; aussi lui avait-on donné un budget *ad hoc* — il ne montait qu'à 5.000 fr.

Cependant, grâce au dévouement des régents [2] qui, quoique chétivement rétribués (1.200 et 1.400 fr.), s'imposèrent, et sans rémunération, des heures supplémentaires le nombre des élèves grandissant d'année en année [3], les classes de grammaire se reconstituaient.

En 1862, on put réorganiser la troisième et même, au moyen d'une subvention annuelle de 2.000 fr. accordée par l'Etat [4] sur les instances du ministre *Billaut* qui se souvint qu'il avait commencé ses études au Collège de Vannes, on créa une chaire d'histoire et un cours d'anglais.

Ce regain de vie des études classiques ne fut pas du goût des partisans de l'Ecole Saint-François-Xavier. En 1867 — c'était l'époque où le ministre Duruy donnait tous ses soins à l'organisation de l'enseignement spécial et transformait le Collège de Mont-de-Marsan en lycée secondaire spécial — un membre du Conseil municipal et aussi du Bureau d'administration, qui jugeait sans doute les professeurs laïques indignes d'enseigner les humanités (il avait cependant fait toutes ses études au Collège), M. A. C. proposa de faire du Collège un établis-

(1) M. *Dentaud*, ancien régent de 6ᵉ au Collège.
(2) Et je m'honore d'avoir été de ceux-là (J. A.).
(3) Il était de 158, en 1863; de 100, en 1873.
(4) L'Empire commençait à s'apercevoir de l'inanité de ses avances au parti clérical, et de la faute qu'il avait commise en se désintéressant presque de la cause des collèges universitaires.

sement d'enseignement spécial uniquement. Le Bureau d'administration s'opposa d'une manière formelle à toute modification [1] : supprimer les cours classiques, c'était déparer le Collège.

Un ami eut alors l'idée d'un pétitionnement au Ministre de l'instruction publique afin d'obtenir une allocation qui permît de créer de nouvelles chaires. Il s'en ouvrit à Jules Simon, alors membre du Corps législatif, avec lequel il avait conservé des relations. Voici les principaux passages de la réponse qu'il en reçut :

Paris, 28 mai 1867.

....

« Je crois que vous pouvez adresser une pétition à M. Duruy : cependant, n'oubliez pas que sa grande passion est l'enseignement secondaire spécial.

Mais insistez :

1° Sur ce qu'il n'y a pas d'industrie dans le département;

2° Que le lycée de Lorient destiné à la marine doit être surtout scientifique;

3° Sur l'utilité d'un lycée agricole placé à Napoléonville;

4° Sur le caractère littéraire de la ville de Vannes qui a toujours eu du goût pour les études classiques; je m'en souviens parfaitement; elle était pleine, de mon temps, de vieux avocats très lettrés et même un peu pédants, ce qui est le sublime du genre. »

En 1868, la Société amicale [2] des anciens élèves fit les fonds nécessaires pour une classe de troisième et, en 1869, une nouvelle subvention de l'État [3] permit de rétablir la rhétorique.

[1] Voir séance du Bureau d'administration, 14 juin 1867.
[2] Fondée en 1866, sous l'inspiration du nouveau principal, M. *Duchemin*, elle rendit en outre de grands services en créant des bourses. Malheureusement, à la suite des terribles événements de 1870 et 1871, elle se désorganisa, et l'on a eu le tort de ne pas la reconstituer.
[3] Passant à Vannes, au retour d'une visite à la princesse Bacciochi à son château de Korn-er-Houët, M. *Duruy* vint au Collège accompagné du préfet, du maire et des membres du Bureau d'administration qui surent — surtout le docteur J.-J. Mauricet — l'intéresser à ce vieil établissement qu'il inspecta en détail (j'étais présent, J. A.). L'année suivante, le Collège recevait la subvention pour la rhétorique.

Enfin en 1880, le nombre des élèves était de 200 [1] et toutes les classes reconstituées.

C'est ainsi qu'après 23 années d'efforts des maîtres, couronnés par les succès des élèves dans les concours [2] et examens [3], avec l'appui du gouvernement de la République et (depuis 5 années) d'une municipalité républicaine [4] qui le dotèrent de belles constructions remplaçant les édifices délabrés et insuffisants datant de 1636 [5], le **Collège de Vannes** redevint de plein exercice. **Il était ressuscité !**

Il a déjà porté d'heureux fruits : plusieurs de ses élèves s'annoncent, dans l'armée, la marine, la magistrature, l'enseignement, la médecine, l'industrie, comme devant imiter leurs devanciers; et si, parmi les hommes qu'il a formés depuis 1857, on ne peut encore trouver un *Brizeux*, un *Alphonse Guérin*, un *Jules Simon* — dont on vient de lui donner le nom célèbre [6], avec sa devise : « *Dieu, Patrie, Liberté.* » — on peut

(1) En 1881, il était de 247; en 1882, de 261; en 1883, il atteignait 308, dont 152 suivant les cours classiques. Ce nombre a baissé depuis, par suite de manœuvres employées à Vannes, plus que partout ailleurs pour combattre l'Université. Cependant, malgré tout, à l'heure où j'écris, le Collège de Vannes compte encore 235 élèves.

(2) Ainsi, au concours général entre lycées et collèges de plein exercice de l'Académie de Rennes (18 établissements), on relève, outre de nombreux accessits : en 1867 (classe de quatrième) 1" prix de mathématiques, *Fougères Armand*; en 1868 (classe de seconde), 1" accessit de mathématiques, *Berveiller Lucien*; en 1872 (classe de rhétorique), 1" prix d'histoire et de géographie, *Maguéro Edouard*, et, en 1873 (classe de philosophie), 1" accessit de dissertation française, le même *Maguéro*. Fougères, sorti de l'Ecole centrale, a été ingénieur en chef d'une des lignes de chemins de fer espagnols. M. Maguéro est actuellement sous-chef à la Direction de l'Enregistrement et des Domaines, docteur en droit, professeur à l'Ecole de notariat de Paris, auteur de nombreux et importants ouvrages qui font autorité en matière d'enregistrement. Quant à Berveiller, nous en parlerons plus loin; il a été tué à Wœrth.

(3) Aux écoles de Saint-Cyr, du Borda, des Hautes Etudes commerciales, de l'Institut agronomique, de Médecine militaire et de la Marine, d'Alfort, des Arts et Métiers; à tous les baccalauréats; au surnumérariat des diverses administrations de l'Etat.

(4) M. Emile Burgault était maire de Vannes.

(5) Ils ont été démolis en septembre 1887.

(6) Bien qu'il ait eu le tort, dans *Premières années. Au Collège* — qui fourmille d'erreurs — de persifler ses premiers maîtres, *Jules Simon* n'en avait pas moins gardé d'eux et surtout du Collège de Vannes un affectueux et profond souvenir, et je suis heureux d'en donner des preuves :
Pendant son ministère — hélas! trop court, de 1876-77 — l'aumônier du

du moins compter les braves morts pour la patrie : le lieutenant d'infanterie de ligne **Berveiller**, tombé sur le champ de bataille de Wœrth ; l'aide chirurgien **Leroy**, dans Strasbourg ; le capitaine d'infanterie de marine **Du Lérain**, à Bazeilles; le sous-lieutenant de mobiles **Ollivier**, à Fréteval; le sergent

Collège, un vénérable curé en retraite, M. Stouder, son condisciple en 1829, 30 et 31, lui écrivit pour lui peindre et l'état de délabrement de la chapelle, et la vétusté des ornements avec lesquels il officiait. La lettre n'était pas d'un fonctionnaire à un ministre; Dieu me pardonne! en camarade, il le tutoyait. A quelque temps de là, on recevait une grande caisse contenant les beaux ornements qui servent encore actuellement, dont Jules Simon faisait cadeau à *son Collège*, et quelques mois après, une somme assez importante était mise, sur les fonds du Ministère de l'instruction publique et des cultes, à la disposition de l'administration pour faire des réparations à la chapelle.

Je me rappelle qu'à Lorient, à l'inauguration de la statue du célèbre musicien Victor Massé, son compatriote et son ami, je lui fis hommage de la photographie du vieux Collège que j'avais fait prendre peu de temps auparavant, la veille du jour où l'on en commença la démolition, pour faire place à l'édifice actuel. En reconnaissant la vieille maison, il se montra très ému, me remercia cordialement de la bonne intention que j'avais eue, et, me prenant par le bras, me présenta au groupe de grands personnages venus pour assister à la cérémonie, en disant : « Voici le doyen des professeurs de Vannes qui vient de me faire don de cette vue de mon vieux Collège. Tenez, M... — je crois bien que c'était M. Mézières — ici était l'entrée de la classe où j'ai fait ma rhétorique sous ce bon M. Lenevé; là, la philosophie où j'avais pour professeur M. Monnier que nous avons vu depuis à l'Assemblée législative. Ah! les heureuses années! » Lors de l'inauguration de la statue de Brizeux, l'année suivante (1888), j'eus encore l'honneur de l'entretenir un moment; il me remercia de nouveau au sujet de la photographie : il gardait précieusement, me dit-il, ce souvenir lui rappelant sa jeunesse (il l'avait fait reproduire dans son article « Un Normalien en 1833 » publié dans la *Revue de Bretagne et d'Anjou*, 1ᵉʳ mai 1888). — Qu'on me pardonne ces souvenirs personnels que je ne donne ici que pour mieux faire ressortir combien Jules Simon avait gardé d'affection pour son Collège — Aussi, a-t-il terminé « *Premières années. Au Collège* » par ce paragraphe qui fait pardonner les précédents passages :

« Mais quitterai-je mon pauvre collège de Vannes, après avoir dit ses
» misères, sans rendre justice à ses qualités? Comme instruction, il faisait
» de nous des latinistes ignorants de toutes choses (a), excepté du latin.
» Comme éducation, il nous donnait le goût du travail, des habitudes
» sérieuses, des sentiments religieux, un grand dévouement à la Patrie
» française et à la Patrie bretonne. Nous aimions nos maîtres du fond du
» cœur et nos maîtres nous aimaient chaudement; nous nous aimions entre
» nous, nous étions vraiment des camarades. Notre collège était une
» famille pauvre et ignorante; mais il était, dans la force du terme, une
» famille. »

(a) J'ai montré plus haut le mal fondé de ceci.

Martineau, devant Paris; le soldat **Quennec**, à l'armée de la Loire; d'autres au Tonkin, à Kélung; le lieutenant d'artillerie **Lubert**, à Madagascar; enfin, l'enseigne de vaisseau **Koun**, tué par les Chinois à Mantao. Sur cette liste, mérite bien d'être également placé le mécanicien en chef **Dalido** qui périt noblement aux côtés de son commandant, dans le naufrage de la Bourgogne [1].

Que la mémoire de ces morts,

« Dont l'ombre est ici bienvenue, »

soit une égide! et le **Collège Jules-Simon** « abritera » longtemps, lui aussi, « les flots pressés d'une studieuse jeunesse » jalouse de tendre aux glorieuses destinées de ceux qui ont rempli la vieille maison, aujourd'hui disparue, de si nobles et si précieux souvenirs.

---

[1] Je les ai pleurés, comme mes enfants : tous avaient été mes élèves. Et j'ai tenu, dans ce travail consacré à la gloire du Collège de Vannes, à rappeler leurs noms, espérant qu'un jour, on les verra gravés sur le marbre, dans la principale salle du Collège.

IMPRIMERIE OBERTHUR, RENNES

www.ingramcontent.com/pod-product-compliance
Lightning Source LLC
Chambersburg PA
CBHW070245100426
42743CB00011B/2134